PRÄAMBEL

In einer Welt, in der technologische, soziale und wirtschaftliche Entwicklungen in rasantem Tempo aufeinander folgen, kann die moderne Gesellschaft schnell übermächtig werden. Steigende Anforderungen, ständige Überforderung und die Komplexität der menschlichen Interaktionen können oft zu einem Gefühl des Kontrollverlusts oder der Überwältigung führen. In diesem Zusammenhang wird es entscheidend, interne und externe Ressourcen zu entwickeln, um sich agil an die ständigen Veränderungen anzupassen. Die Stärke zu besitzen, sich gelassen durchzusetzen, ohne sich dem Druck von außen zu beugen, ist der Schlüssel, um sich selbstbewusst und sicher in dieser sich ständig verändernden Gesellschaft zu bewegen. Diese Resilienz zu kultivieren hilft nicht nur, sich zu behaupten, sondern auch, das persönliche Gleichgewicht zu bewahren, das angesichts der täglichen Herausforderungen unerlässlich ist.

Wenn man in seinen Entscheidungen fest und klar ist, behält man eine Richtung bei und wird nicht von den Unwägbarkeiten des Alltags überrollt. Noch wichtiger ist es jedoch, unseren eigenen Weg zu finden und zu wählen, der uns Komfort bietet und mit unseren Werten übereinstimmt. Wenn wir einen Ansatz wählen, der unser Wohlbefinden und unsere tiefsten Sehnsüchte respektiert, sind wir besser darauf vorbereitet, den Herausforderungen des Lebens mit Gelassenheit zu begegnen. Es ist nicht so sehr die rohe Kraft, die uns auf Kurs hält, sondern die Seelenruhe, die aus einem durchdachten und harmonischen persönlichen Weg entsteht.

Cyrille Duriez

Sein Oder Werden :

Herr Seiner Entscheidungen Bleiben,

Entscheidungsträger Seines Lebens.

Präambel

Reflexion 1: Sein ist der Grad Null unseres Lebens.

Reflexion 2: Werden bedeutet, sich in Bewegung zu setzen: innerlich, äußerlich oder beides.

Reflexion 3: Sich weiterentwickeln, ohne sich völlig zu verändern.

Reflexion 4: Kein Risiko eingehen, misstrauisch sein, kann ein Weg sein, wenn man ihn nicht erleidet.

Reflexion 5: Risiken einzugehen, sich für alles und jeden zu öffnen, kann auch ein Weg sein, wenn es eine Wahl ist.

Reflexion 6: Sich vor äußeren Einflüssen hüten: Medien, soziale Netzwerke, Ideen, Religionen, Beziehungen

Reflexion 7: Äußere Einflüsse nutzen, um voranzukommen, sich selbst aufzubauen und seinen eigenen Weg zu finden.

Reflexion 8: Ein Ventil finden: Sport, Kunst, Hobbys und Selbstaufopferung

Reflexion 9: Verschiedene Wege gehen, um den eigenen zu finden.

Reflexion 10: Abenteurer oder Baumeister, Stubenhocker oder Entdecker - es gibt keinen richtigen oder falschen Weg, sondern nur den, den man wählt.

Reflexion 11: Ausprobieren, wählen und zu seinen Entscheidungen stehen, um ein erfülltes Leben zu führen und Erfüllung zu finden.

Reflexion 12: Entscheiden Sie sich! Überlegen Sie, versuchen Sie es, machen Sie Fehler, aber wählen Sie und stehen Sie dazu!

Reflexion 13: Sein oder Werden: Wie wichtig es ist, Harmonie mit sich selbst zu finden.

REFLEXION 1: SEIN IST DER GRAD NULL UNSERES LEBENS

Zu sein. Dieses scheinbar so einfache und doch so grundlegende Verb bildet die Grundlage unserer Existenz. Bevor wir handeln, fühlen, denken oder sagen, sind wir. Der Zustand des Seins, in seiner radikalsten Nacktheit, geht jeder Bewegung und jeder Absicht voraus. Er ist der Nullpunkt unseres Lebens, die Vorbedingung für alles, was wir tun, die wir aber oft vergessen, als solche zu betrachten.

In einer Welt, in der Aktion, Leistung und die Suche nach Sinn im Mittelpunkt stehen, ist es leicht, diese einfache Tatsache aus den Augen zu verlieren: Vor allem sind wir. Sein ist sowohl der primitivste als auch der absolutste Akt, der alle Möglichkeiten einschließt. Paradoxerweise ist es aber auch der am schwersten fassbare. Wir denken nicht über das "Sein" nach, sondern leben es nur, unbewusst, fast mechanisch.

Das Sein als erste Bedingung

Das Sein ist eine rohe Gegebenheit, die vom ersten Atemzug an vorhanden ist. Wir werden in einen Zustand des Daseins hineingeboren, der weder Anstrengung noch bewusste Entscheidungen erfordert. Das Kind, das seinen ersten Schrei ausstößt, hat noch keinen Plan, keinen Willen, die Welt zu verstehen oder eine Spur in ihr zu hinterlassen. Es ist einfach da, in diesem ersten Zustand der Existenz, ohne Bewusstsein für ein

Ziel oder eine Richtung, der es folgen muss. Diese Anfangsphase des menschlichen Lebens ist die reinste Manifestation des Seins, eines Seins auf dem Grad Null, ohne Künstlichkeit, ohne Überbetonung von Bedeutung oder Symbolik.

Das Sein ist nicht nur eine Vorbedingung für die menschliche Existenz. Es ist auch das, was uns mit dem gesamten Universum verbindet, denn bevor wir Identitäten, soziale Rollen oder Lebensziele entwerfen, teilen wir eine gemeinsame Bedingung mit allem, was existiert. Wir sind einfach da, präsent in Raum und Zeit, an der Seite von allem, was ist.

Das Sein auf Stufe Null bedeutet jedoch keine Leere oder ewige Untätigkeit. Es ist vielmehr eine Matrix aller Möglichkeiten. Aus diesem Urzustand heraus entstehen alle anderen menschlichen Erfahrungen. Handeln, Denken, Emotionen, Wünsche - alles, was den Reichtum des Lebens ausmacht - ist nur eine Aktualisierung dieser unendlichen Potentialität.
Ohne diesen ersten Zustand des Seins gäbe es keine Bewegung und kein Werden.

Das Paradoxon des Vergessenseins

Ironischerweise vernachlässigen wir trotz seiner entscheidenden Bedeutung oft diesen grundlegenden Zustand. Wir konzentrieren uns auf das, was wir tun, was wir erreichen wollen, welche Identitäten wir schaffen oder beanspruchen, und vergessen dabei, dass all dies auf einer einfachen Realität beruht: unserer Existenz. In unserem hektischen Streben nach Sinn und Erfüllung verlieren wir manchmal die Essenz unseres Lebens aus den Augen, diesen neutralen und doch wesentlichen Ausgangspunkt.

In der existenzialistischen Philosophie wurde dieser Begriff des Seins oft als Quelle der Angst, aber auch als radikale Möglichkeit der Freiheit erforscht. Zu sein bedeutet, ohne besonderen Grund und ohne vorherige Erklärung in die Welt geworfen zu werden. Aber aus diesem Sein heraus ist auch alles möglich, werden wir zu den Handwerkern unserer eigenen Existenz. Wenn das Sein der Grad Null ist, ist es auch der Ausgangspunkt für unendlich viele Wege.

Die Fülle des bloßen Seins

Es gibt eine Denkrichtung, die im Gegensatz dazu diesen Zustand des einfachen Seins als eine Form der Fülle feiert. In einigen spirituellen Traditionen, insbesondere im Buddhismus, wird das Sein, ohne zu versuchen, etwas anderes zu werden, als eine Form der Weisheit angesehen. Diese Idee des mühelosen Seins, des Existierens ohne einen bestimmten Plan oder Zweck, findet eine Resonanz in der Idee, im gegenwärtigen Moment zu leben. In diesem Sinne bedeutet Sein, nicht mehr um jeden Preis "machen" zu wollen.
", "haben" oder "werden". Es bedeutet, sich damit zu begnügen, den Augenblick voll und ganz zu bewohnen und die Einfachheit des Daseins auszukosten.

Dieser Ansatz erinnert uns daran, dass das Leben nicht nur eine Suche nach Sinn oder ein Rennen nach Zielen ist, sondern dass es vor allem ein Zustand der Präsenz ist. Wenn wir zu diesem Grad Null, zu dieser Einfachheit des Seins zurückkehren, entdecken wir eine Form des inneren Friedens. Es ist nicht die Abwesenheit von Bewegung, sondern eine Rückkehr zum Wesentlichen, zu dieser Reinheit des Existierens ohne Zwang, ohne geistige Überlastung.

Die Rückkehr zum Sein

In unserem modernen Leben, das von Anforderungen und Ablenkungen gesättigt ist, ist es schwer, diese Einfachheit wiederzufinden. Wir werden ständig dazu gedrängt, etwas anderes zu werden als das, was wir sind: leistungsfähigere Arbeiter, liebevollere Partner, vollendetere Individuen. Doch diese Flucht nach vorn bringt uns dem Glück oder der Erfüllung nicht unbedingt näher. Im Gegenteil, sie entfernt uns oft von uns selbst, von unserem grundlegenden Zustand des Seins.

Sich auf das Sein zurückzubesinnen bedeutet, sich daran zu erinnern, dass es manchmal genügt, zu existieren. Nicht als eine Form der Resignation oder Passivität, sondern als eine Art, den dem Dasein selbst innewohnenden Reichtum zu erkennen. Sein ist bereits alles, alles andere ist nur eine Variation, eine Transformation dieses ersten Zustands.

Schlussfolgerung: Das Sein als Grundlage unserer Menschlichkeit

Wenn wir also verstehen, dass "Sein der Grad Null unseres Lebens ist", fordert uns das dazu auf, den Stellenwert, den wir unserer bloßen Existenz beimessen, neu zu bewerten. Bevor wir Schauspieler, Denker oder Schöpfer sind, sind wir. Diese Erkenntnis ist grundlegend, denn sie führt uns zu dem zurück, was das Wahrste und Intimste in uns ist: unsere Existenz als solche, ohne das Bedürfnis nach Rechtfertigung oder Leistung. Aus diesem Nullgrad kann alles hervorgehen.

REFLEXION 2: WERDEN BEDEUTET, SICH IN BEWEGUNG ZU SETZEN: INNERLICH, ÄUSSERLICH ODER BEIDES

Werden ist ein Prozess, ein Impuls, der uns dazu bringt, uns zu verändern, uns weiterzuentwickeln und unseren Zustand zu ändern. Im Gegensatz zum Sein, das für Stabilität, Permanenz, die bloße Tatsache der Existenz steht, ist das Werden dynamisch. Es handelt sich um die Bewegung unserer Existenz, einen ständigen Übergang in eine noch zu definierende Zukunft. Werden bedeutet, die Vorstellung zu akzeptieren, dass nichts in uns oder um uns herum starr ist. Diese Transformation manifestiert sich durch Bewegungen, seien es innere, äußere oder beides zugleich.

Die innere Bewegung: Die Metamorphose des Geistes

Das Werden beginnt oft von innen heraus. Es handelt sich um eine unsichtbare, aber tiefe Bewegung, die in unserem Geist, unseren Gefühlen, unserer Wahrnehmung der Welt und von uns selbst entsteht. Diese innere Bewegung wird oft durch eine Erkenntnis, ein Nachdenken oder den Wunsch nach Veränderung ausgelöst. Das Bedürfnis, etwas anderes zu werden als das, was wir gerade sind, wurzelt in dieser inneren Unruhe, dieser existenziellen Frage, die unsere Gewissheiten und Gewohnheiten erschüttert.

Der griechische Philosoph Heraklit behauptete, dass "alles fließt", und meinte damit, dass die einzige Konstante der Wandel ist. Dieser ständige Fluss vollzieht sich zunächst in uns selbst, durch Mutationen unserer Gedanken und unseres Verständnisses der Welt. Wir hören nie auf, innerlich zu werden, selbst wenn scheinbar alles stabil zu sein scheint. Jede Erfahrung, die wir machen, jede neue Idee, der wir begegnen, jede Emotion, die wir empfinden, verändert uns von innen heraus. Diese Bewegung ist subtil, allmählich, manchmal sogar unmerklich, aber sie ist dennoch wesentlich.

Dieser Prozess kann auch durch persönliche Krisen ausgelöst werden, Momente, in denen die inneren Strukturen, die wir errichtet haben, Risse bekommen. Diese Krisen, ob sie nun mit einem Verlust, einer Enttäuschung oder einer Infragestellung unserer Werte verbunden sind, führen zu inneren Umwälzungen. Sie erzwingen eine Neuordnung unserer mentalen Welt, eine Neudefinition dessen, was wir glauben zu sein und was wir werden wollen. In diesem Sinne ist das Werden ein Akt der ständigen Neuschöpfung, ein ständiges Navigieren zwischen unseren Wünschen, Ängsten und tiefen Sehnsüchten.

Die äußere Bewegung: die Veränderung der Welt

Werden beginnt zwar oft von innen heraus, wird aber erst durch Handlungen in der Außenwelt vollständig verwirklicht. Unsere Gedanken und Wünsche nach Veränderung müssen sich in Gesten, Projekten und Verhaltensweisen verkörpern. Die innere Bewegung allein, ohne ihr äußeres Gegenstück, bleibt unvollständig. Werden bedeutet auch, in der Welt zu handeln, um unsere Realität zu verändern. Es geht nicht nur darum, zu träumen oder sich vorzustellen, was wir sein könnten, sondern darum, diesen Veränderungsprozess durch konkrete Handlungen in Gang zu setzen.

Äußere Bewegung kann viele Formen annehmen. Es kann sich um eine neue berufliche Ausrichtung, einen Umzug, eine zerbrochene Beziehung oder sogar um kleine alltägliche Gesten handeln, die den Willen zur Veränderung widerspiegeln. Diese Bewegung ist der sichtbare Ausdruck unseres Werdens. Sie zeugt davon, dass unsere inneren Bestrebungen in der realen Welt eine Materialisierung gefunden haben. In diesem Sinne hat der Prozess des Werdens eine fast greifbare Dimension, da er sowohl unsere Umgebung als auch die Art und Weise, wie wir mit ihr interagieren, verändert.

Es ist auch wichtig zu betonen, dass diese äußere Bewegung oft durch unser Umfeld bedingt ist. Äußere Bedingungen, soziale und wirtschaftliche Zusammenhänge und zwischenmenschliche Beziehungen spielen eine entscheidende Rolle für unsere Fähigkeit, das zu werden, was wir sein wollen. Äußere Hindernisse können unser Werden einschränken, bremsen oder sogar blockieren, aber sie können es auch nähren, indem sie uns zwingen, uns anzupassen, Alternativen zu finden und unsere Ziele neu zu definieren.

Die Einheit von innerer und äußerer Bewegung

Im Idealfall impliziert Werden eine Harmonie zwischen innerer und äußerer Bewegung. Diese beiden Dimensionen sind nicht voneinander getrennt, sie reagieren aufeinander und beeinflussen sich gegenseitig. Eine tiefgreifende innere Veränderung kann uns dazu bringen, in der Welt anders zu handeln, genauso wie eine äußere Veränderung Umwälzungen in unserem Denken und Fühlen bewirken kann. Diese Wechselwirkung zwischen Innen und Außen ist das Herzstück der menschlichen Erfahrung.

Nehmen wir das Beispiel einer Person, die sich für eine berufliche Veränderung entscheidet. Diese äußere Veränderung kann durch eine innere Reflexion über seine Werte, seine Bestrebungen und seinen Wunsch nach Selbstverwirklichung motiviert worden sein. Doch sobald diese Entscheidung getroffen ist, werden die Herausforderungen und Erfahrungen, die mit der neuen Karriere verbunden sind, ihrerseits die innere Welt beeinflussen. Das Werden ist also nie linear, sondern findet in einem ständigen Hin und Her zwischen Innen und Außen statt.

Manchmal ist dieser Dialog zwischen Innen und Außen harmonisch, fließend. Zu anderen Zeiten ist er konfliktreich. Es kommt vor, dass unsere innere Bewegung unserer Fähigkeit, in der Welt zu handeln, voraus ist. Dann empfinden wir Frustration, eine Spannung zwischen dem, was wir werden möchten, und dem, was wir erreichen können. Umgekehrt kann es sein, dass wir uns in äußere Handlungen stürzen, ohne vollständig über unsere tieferen Beweggründe nachgedacht zu haben, wodurch eine Diskrepanz zwischen dem, was wir tun, und dem, was wir wirklich fühlen, entsteht.

Das Werden als Weg zu sich selbst

Werden bedeutet in gewissem Sinne auch, sich selbst näher zu kommen. Das mag paradox klingen, denn Werden scheint eine Veränderung, eine Abänderung dessen, was wir sind, zu implizieren.
Dennoch ist dieser Transformationsprozess oft eine Möglichkeit, das zu enthüllen, was bereits in uns ist, und latenten Potenzialen Gestalt zu verleihen. In diesem Sinne ist das Werden nicht so sehr eine Flucht nach vorn als vielmehr eine Rückkehr zu sich selbst, ein Bemühen, unser Sein mit unseren tiefsten Sehnsüchten in Einklang zu bringen.

In diesem Prozess ist es von entscheidender Bedeutung zu erkennen, dass das Werden kein ultimatives Ende hat. Wir werden nie völlig "vollendet". Es gibt keinen Endpunkt, an dem wir behaupten könnten, dass wir endlich zu dem geworden sind, was wir sein sollten. Werden ist ein Weg ohne festes Ziel, eine unendliche Suche, bei der jeder Schritt neue Perspektiven, neue Herausforderungen und neue Verwandlungen eröffnet.

Schlussfolgerung: Werden, ein immerwährender Tanz zwischen Innen und Außen

Letztendlich impliziert Werden eine doppelte Bewegung, sowohl eine innere als auch eine äußere. Diese beiden Dimensionen sind die zwei Seiten ein und desselben Prozesses, nämlich der ständigen Veränderung von sich selbst und der Welt. Das Werden ist eine vitale Dynamik, eine Kraft, die uns dazu bringt, uns weiterzuentwickeln und neu zu erfinden. Diese Entwicklung verläuft jedoch nie nur in eine Richtung

Sie ist ein unaufhörlicher Dialog zwischen dem, was wir fühlen, was wir denken und was wir in der Welt tun. Es ist dieser Tanz zwischen Innen und Außen, der unserer sich entwickelnden Existenz ihren Sinn verleiht.

REFLEXION 3: SICH WEITERENTWICKELN, OHNE SICH VÖLLIG ZU VERÄNDERN

Die Idee, sich zu entwickeln, ohne sich völlig zu verändern, wirft eine grundlegende Frage über die Natur der menschlichen Veränderung auf: Wie kann man wachsen, sich entwickeln oder sich anpassen und dabei einen Teil seines Selbst intakt, unverändert lassen? Oberflächlich betrachtet erscheint dies paradox: Sich zu entwickeln bedeutet eine Veränderung, ein Voranschreiten, während sich nicht völlig zu verändern eine gewisse Kontinuität, eine Beständigkeit voraussetzt. Dennoch liegt diese Dualität im Kern der menschlichen Erfahrung. Wir sind gleichzeitig in Bewegung und in Stabilität, gleichzeitig in Veränderung und in Kontinuität.

Evolution, ein gradueller Prozess

Sich zu entwickeln wird oft als ein gradueller Prozess, eine Entwicklung, die in Schritten erfolgt, gesehen. Es ist kein plötzlicher Umbruch oder eine radikale Umkehrung dessen, was wir sind. Stattdessen ist es eine Form des Wachstums, eine allmähliche Reifung. Dieses Wachstum kann viele Aspekte unseres Lebens betreffen: unsere Denkweise, unsere Beziehung zu anderen, unsere Fähigkeiten oder unsere Weltanschauung. Doch in jedem Moment dieser Entwicklung bleibt ein Teil von uns dem treu, was wir schon immer waren.

Denken Sie an die Metapher des Baumes: Im Laufe der Jahreszeiten wächst er, seine Äste breiten sich aus, seine Wurzeln dringen tiefer in die Erde ein. Jedes Jahr entwickelt er sich weiter, passt sich an die sich verändernden Bedingungen seiner Umgebung an. Doch der Baum bleibt er selbst. Seine wesentliche Struktur bleibt gleich, seine Wurzeln sind dieselben, sein Wesen ändert sich nicht, auch wenn er neue Formen annimmt.

Diese Idee einer allmählichen Entwicklung, die das, was wir sind, nicht völlig verändert, ist wichtig. Sie erinnert uns daran, dass Veränderungen nicht radikal sein müssen, um wirklich zu sein. Es ist möglich, bestimmte Facetten unseres Daseins grundlegend zu verändern und dabei den inneren Kern, der uns ausmacht, zu bewahren. Sich weiterzuentwickeln bedeutet also nicht, sich selbst zu verleugnen, sondern dem ursprünglichen Gewebe unserer Persönlichkeit weitere Schichten an Erfahrung und Verständnis hinzuzufügen.

Identität und Beständigkeit

Sich weiterzuentwickeln, ohne sich völlig zu verändern, beruht auch auf dem Begriff der Identität. Was macht uns im Laufe der Zeit zu der Person, die wir sind? Was bleibt stabil, obwohl sich so viele Aspekte unseres Lebens verändern? Es ist möglich, dass unsere Identität aus mehreren Schichten besteht: einer oberflächlichen Schicht, die flexibler ist und sich besser an Veränderungen anpassen kann, und einer tieferen, stärker verwurzelten Schicht, die unverändert bleibt.

Diese innere Stabilität ist oft mit unseren Werten, unseren Grundprinzipien und manchmal sogar mit unseren Erinnerungen oder unserem kulturellen Erbe verbunden. Diese Elemente bilden das Fundament, auf dem unsere Existenz ruht, ein Fundament, das sich nicht verändern muss, damit wir uns weiterentwickeln können. Tatsächlich sind es oft diese stabilen Elemente, die es uns ermöglichen, uns mit Zuversicht weiterzuentwickeln, indem wir uns in etwas Dauerhaftem verankern.

Nehmen wir als Beispiel eine Person, die mit einer großen Veränderung in ihrem Leben konfrontiert ist, z. B. mit einem Umzug in ein fremdes Land. Diese äußere Veränderung erfordert eine Anpassung: Sie muss eine neue Sprache lernen, sich an eine andere Kultur gewöhnen und vielleicht sogar ihre Rolle in der Gesellschaft überdenken. Doch diese äußere Anpassung bedeutet nicht, dass sie ihr Wesen völlig umgestalten muss. Sie bleibt sich in ihren Werten, Überzeugungen und Beziehungen zu ihren Angehörigen treu. Sie entwickelt sich weiter, um sich an ihre neue Umgebung anzupassen, verliert aber nicht aus den Augen, wer sie im Grunde genommen ist.

Das Gleichgewicht zwischen Anpassung und Kontinuität

Sich weiterzuentwickeln, ohne sich völlig zu verändern, bedeutet, ein feines Gleichgewicht zwischen Anpassung und Kontinuität zu finden. Wir leben in einer Welt des ständigen Wandels, in der Anpassungsfähigkeit oft als eine wesentliche Eigenschaft für den Erfolg angesehen wird. Anpassungsfähigkeit bedeutet jedoch nicht, dass wir uns ständig neu definieren müssen. Es ist möglich, offen für Veränderungen zu bleiben und gleichzeitig eine gewisse innere Konstanz zu bewahren.

Dieses Gleichgewicht zeigt sich in vielen Aspekten des täglichen Lebens. Im beruflichen Bereich z. B. ist es oft notwendig, sich weiterzuentwickeln, neue Fähigkeiten zu erwerben und sich mit neuen Technologien oder Arbeitsmethoden vertraut zu machen. Dieser Prozess bedeutet jedoch nicht, dass der Einzelne aufgeben muss, was ihn ausmacht, oder dass er seine Kernkompetenzen oder angeborenen Talente aufgeben muss. Vielmehr geht es darum, dem, was er bereits ist, neue Dimensionen hinzuzufügen, eine Identität zu bereichern, ohne sie umzukrempeln.

Auch in zwischenmenschlichen Beziehungen entwickeln wir

uns aufgrund unserer Erfahrungen und der Herausforderungen, denen wir begegnen, ständig weiter. Eine Liebesbeziehung beispielsweise kann viele Entwicklungsphasen durchlaufen: Beide Partner verändern sich im Laufe der Zeit und ihre Dynamiken passen sich entsprechend an. Es ist jedoch von entscheidender Bedeutung, dass jeder einen Teil seiner Individualität, seiner eigenen Identität bewahrt, damit die Beziehung in einer gemeinsamen Wahrheit wurzeln kann und nicht in einer totalen Transformation, bei der sich einer von beiden verlieren würde.

Partielle Transformation als kreativer Prozess

Es ist auch möglich, die Idee der "partiellen Transformation" als kreativen Prozess zu betrachten, als eine Möglichkeit, bestimmte Aspekte unseres Wesens neu zu erfinden, ohne uns in diesem Prozess zu verlieren. In der Kunst kann ein Maler beispielsweise einen neuen Stil oder eine neue Technik entwickeln, während er seinem kreativen Wesen treu bleibt. Der Künstler entwickelt sich weiter, experimentiert, aber seine "Handschrift" bleibt erkennbar. Auf ähnliche Weise können wir in unserem persönlichen Leben neue Facetten von uns selbst erforschen, während wir unsere Kernidentität beibehalten.

Der französische Philosoph Henri Bergson hat in seinem Werk viel über den Begriff des Wandels nachgedacht. Er vertrat die Ansicht, dass Zeit und Leben gleichbedeutend mit ständiger Bewegung sind, betonte aber auch, dass diese Veränderung nie absolut ist. Er sprach von der "Dauer", jener erlebten Form der Zeit, die sowohl Kontinuität als auch Veränderung ist. Für Bergson enthält jeder Moment unserer Existenz sowohl unsere Vergangenheit als auch unsere potenzielle Zukunft und schafft so eine Form der progressiven Evolution, in der nichts jemals vollständig ausgelöscht oder ersetzt wird, sondern sich alles langsam verändert.

Selbsttreue in der Evolution

Wenn wir uns weiterentwickeln, dürfen wir nicht aus den Augen verlieren, wie wichtig es ist, sich selbst treu zu bleiben. Diese Treue ist nicht gleichbedeutend mit Starrheit oder der Weigerung, sich zu verändern, sondern setzt ein tiefes Bewusstsein dessen voraus, was uns ausmacht. Es geht darum, zu wissen, welche Aspekte von uns selbst bewahrt werden müssen, welche Elemente unserer Identität nicht verhandelbar sind, selbst wenn wir uns in Zeiten großer Veränderungen befinden. Es ist diese Treue, die es uns ermöglicht, uns weiterzuentwickeln, ohne uns zu verfälschen oder unsere Einzigartigkeit aus den Augen zu verlieren.

Dies ist keine leichte Aufgabe. In einer Gesellschaft, die oft den schnellen Wandel, die Neuerfindung des Selbst und die absolute Flexibilität schätzt, kann es verlockend sein, alles in uns zu verändern, um den äußeren Erwartungen gerecht zu werden. Doch diese Versuchung kann uns in eine Form der Leere führen, in der wir den Kontakt zu unseren Wurzeln verlieren, zu jener inneren Kontinuität, die es uns ermöglicht, in einer sich ständig verändernden Welt zentriert zu bleiben.

Fazit: Sich weiterentwickeln und dabei man selbst bleiben

Sich weiterzuentwickeln, ohne sich völlig zu verändern, bedeutet zu akzeptieren, dass Wandel und Kontinuität in uns koexistieren. Es bedeutet anzuerkennen, dass wir uns im Laufe unseres Lebens ständig weiterentwickeln, dass diese Entwicklung aber keine vollständige Verleugnung dessen, was wir sind, erfordert. Persönliches, berufliches oder emotionales Wachstum kann auf harmonische Weise mit unseren Werten, unserer Identität und unseren Wurzeln erfolgen.

Letztendlich bedeutet Entwicklung, diese innere Kontinuität zu bereichern, dem, was wir bereits sind, Nuancen hinzuzufügen und gleichzeitig den unveränderlichen Teil zu bewahren, der uns zu einzigartigen Wesen macht. Das ist ein heikles Gleichgewicht, aber genau darin, in dieser Spannung zwischen Bewegung und

Stabilität, liegt der Reichtum der menschlichen Erfahrung.

REFLEXION 4: KEIN RISIKO EINGEHEN, MISSTRAUISCH SEIN, KANN EIN WEG SEIN, WENN MAN IHN NICHT ERLEIDET

In einer Welt, die Kühnheit, Abenteuerlust und Risikobereitschaft feiert, ist es verlockend, Misstrauen und Vorsicht als Bremsen und Hindernisse wahrzunehmen, die es zu überwinden gilt, um erfolgreich zu sein oder sich selbst zu verwirklichen. Doch auch die Entscheidung, kein Risiko einzugehen, misstrauisch und wachsam zu sein, kann einen gültigen Lebensweg darstellen, sofern diese Haltung bewusst eingenommen und nicht als lähmende Form der Angst erlitten wird. Es geht hier nicht darum, Stillstand oder das systematische Vermeiden von Herausforderungen zu propagieren, sondern darum, anzuerkennen, dass Vorsicht keineswegs eine Schwäche ist, sondern zu einer Stärke werden kann, wenn sie auf informierte Weise gewählt wird.

Misstrauen als eine Form der Weisheit

Misstrauisch zu sein bedeutet nicht unbedingt, irrationale

Angst oder chronische Ängstlichkeit zu haben. Es kann sich um eine wohlüberlegte Haltung handeln, einen Zustand der Wachsamkeit, der es ermöglicht, die Welt mit Unterscheidungsvermögen zu bewerten. Misstrauen wird in diesem Sinne zu einer Form von Weisheit, einer Art, das zu schützen, was man für wichtig hält: die eigene Sicherheit, die eigenen Werte, das eigene emotionale Gleichgewicht. Diese Vorsicht, wenn sie beherrscht wird, ermöglicht es, in einer unsicheren Umgebung zu navigieren, ohne Impulsen oder übereilten Entscheidungen nachzugeben.

Im Leben gibt es Situationen, die Misstrauen erfordern. Das kann in unseren persönlichen Beziehungen der Fall sein, wo wir manchmal sorgfältig abwägen müssen, wie viel Vertrauen wir anderen schenken sollen, oder im beruflichen Bereich, wo riskante Entscheidungen schwerwiegende Folgen haben können. Eine gewisse Vorsicht, die in Erfahrung und Überlegung verankert ist, kann uns vor kostspieligen Fehlern bewahren und unsere Stabilität erhalten.

Dieser Ansatz ist weit davon entfernt, uns einzuschließen, sondern kann uns ein Leben mit mehr Gelassenheit ermöglichen. Indem wir unnötige Risiken und übereilte Verpflichtungen reduzieren, gibt er uns die Möglichkeit, unsere Umgebung besser zu beherrschen und Situationen zu vermeiden, auf die wir nicht vorbereitet sind. So ist Misstrauen nicht länger eine Reaktion aus Angst, sondern eine strategische Entscheidung, eine Art, mit der Welt weise und vorsichtig zu interagieren.

Kein Risiko eingehen: eine Entscheidung für die Freiheit

Sich dafür zu entscheiden, kein Risiko einzugehen, kann paradoxerweise eine Form der Freiheit sein. Dieser Ansatz wird oft als Einschränkung empfunden, als eine Art, sich so sehr zu schützen, dass man nie das volle Leben genießen kann. Dennoch kann sie auch die Kontrolle über das eigene Schicksal widerspiegeln. Anstatt den gesellschaftlichen Anordnungen zu folgen, die ständig die Selbstüberwindung und die Erkundung des Unbekannten wertschätzen, ist die Entscheidung, kein Risiko einzugehen, eine Möglichkeit, sich selbst zu behaupten und seinen eigenen Weg zu gehen.

Diese Haltung beruht auf einem Grundprinzip: dem Bewusstsein der eigenen Grenzen und Bedürfnisse. Es geht darum, zu akzeptieren, dass jeder Mensch eine andere Toleranz gegenüber Ungewissheit und Unbekanntem hat. Manche Menschen leben vom Nervenkitzel des Risikos, während andere Stabilität und Berechenbarkeit bevorzugen. Das Wichtigste ist, diese Vorsicht nicht als Zwang zu erleben, sondern als eine wohlüberlegte Entscheidung.

Beispielsweise kann sich eine Person dafür entscheiden, in einem stabilen Beschäftigungsverhältnis zu bleiben, anstatt sich in ein unsicheres unternehmerisches Abenteuer zu stürzen. Diese Entscheidung ist nicht unbedingt von Angst getrieben, sondern von einer pragmatischen Abwägung der Prioritäten: dem Bedürfnis nach finanzieller Sicherheit, der Wichtigkeit, ein ausgeglichenes Leben zu bewahren, oder einfach der Zufriedenheit, die diese Stabilität mit sich bringt. Kein Risiko einzugehen ist in diesem Fall kein Verzicht, sondern ein bewusster Weg, das zu bewahren, was am wichtigsten ist.

Die Gefahr, Misstrauen und Stillstand zu erleiden

Vorsicht und Misstrauen können zwar Stärken sein, sie werden jedoch zu Hindernissen, wenn sie erlitten statt gewählt werden. Wenn sich eine Person in ihrem Misstrauen gefangen fühlt und es ihr nicht mehr gelingt, sich der Welt zu öffnen oder Chancen zu nutzen, wird das Misstrauen zu einer Form der Lähmung. Es handelt sich dann um eine unbewältigte Angst, die die Fähigkeit zu handeln und sich zu engagieren einschränkt.

Unter Misstrauen zu leiden bedeutet, in einem ständigen Alarmzustand zu leben, in dem jede Situation als potenzielle Bedrohung wahrgenommen wird. Wenn diese Haltung übertrieben wird, kann sie zu einer Spirale des Misstrauens führen, die Beziehungen und Entscheidungen beeinträchtigt. Man wird unfähig, anderen zu vertrauen, sich selbst zu erlauben, neue Dinge auszuprobieren, und man schneidet sich allmählich von den Möglichkeiten ab, persönlich oder beruflich zu wachsen.

Der Schlüssel liegt darin, sich dieses Misstrauens bewusst zu sein: Ist es das Ergebnis reiflicher Überlegung oder einer ängstlichen Konditionierung? Ist es eine angemessene Reaktion auf eine bestimmte Situation oder eine irrationale Angst, die sich auf alle Aspekte des Lebens ausbreitet? Die Beantwortung dieser Fragen ermöglicht es, zwischen Misstrauen als Stärke und Misstrauen als Grenze zu unterscheiden.

Vorsicht als Kunst des Risikomanagements

Es geht nicht darum, das Risiko in seiner Gesamtheit abzulehnen, sondern darum, mit ihm klug umzugehen. Klugheit kann als eine Kunst des Risikomanagements verstanden werden, als eine Möglichkeit, Gefahren zu minimieren und gleichzeitig ein gewisses Maß an Entwicklung und Wachstum zu ermöglichen. Das Leben selbst beinhaltet einen unvermeidlichen Anteil an Ungewissheit und Risiko, was jedoch nicht bedeutet, dass wir uns ihm blindlings hingeben sollten.

In diesem Sinne bedeutet, kein Risiko einzugehen, nicht, nie zu handeln. Es bedeutet vielmehr, in Kenntnis der Sachlage zu handeln, nachdem man die Alternativen sorgfältig abgewogen, die Vor- und Nachteile abgewogen und angemessene Vorsichtsmaßnahmen getroffen hat. Es bedeutet, sich dafür zu entscheiden, maßvoll zu handeln und sich nicht überstürzt in Situationen zu begeben, in denen die Verluste die Gewinne übersteigen könnten.

Dieser Ansatz ist besonders relevant in Bereichen wie Finanzen oder Unternehmertum. Die klügsten Investoren gehen beispielsweise keine unüberlegten Risiken ein; sie diversifizieren ihre Investitionen, bewerten Markttrends und treffen fundierte Entscheidungen. In ähnlicher Weise können wir im täglichen Leben wohlüberlegte Entscheidungen treffen, die uns weiterbringen, ohne das zu gefährden, was für uns grundlegend ist.

Vertrauen und Misstrauen: ein notwendiges Gleichgewicht

Sich weiterzuentwickeln, ohne übermäßige Risiken einzugehen, beruht auf einem Gleichgewicht zwischen Vertrauen und Misstrauen. Misstrauen als bewusste Strategie muss nicht absolut sein. Es ist entscheidend, eine Form von Vertrauen zu entwickeln - sich selbst und anderen gegenüber -, die es ermöglicht, selbstbewusst zu handeln und gleichzeitig eine gewisse Vorsicht zu bewahren.

Dieses Vertrauen beruht auf mehreren Säulen. Zunächst einmal ist es die Selbsterkenntnis. Wenn man sich über seine Werte, Prioritäten und Grenzen im Klaren ist, fällt es einem leichter, zu entscheiden, wann man ein Risiko eingehen und wann man es unterlassen sollte. Zweitens spielt die Erfahrung eine entscheidende Rolle. Wenn man Erfahrungen sammelt, wird man in der Lage sein, potenzielle Risiken besser einzuschätzen und sich auf sein eigenes Urteil zu verlassen.

Schließlich ist das Vertrauen in andere Menschen ein unverzichtbarer Bestandteil dieser Dynamik. Völliges Misstrauen gegenüber anderen kann unter bestimmten Umständen zwar schützen, wird aber toxisch, wenn es den Aufbau solider und konstruktiver Beziehungen verhindert. Zu lernen, zu vertrauen und gleichzeitig wachsam zu bleiben, ist eine Fähigkeit, die man im Laufe der Zeit entwickelt.

Schlussfolgerung: Kein Risiko eingehen, ein legitimer Weg

Kein Risiko einzugehen und misstrauisch zu sein sind keine Zeichen von Schwäche oder Angst, sondern können im Gegenteil strategische Entscheidungen sein, Mittel, um in einer komplexen Welt zu navigieren und gleichzeitig das eigene Wohlbefinden und die Stabilität zu bewahren. Diese Haltung kann ein wertvoller Lebensweg sein, vorausgesetzt, sie wird bewusst gewählt und nicht als Zwang erlitten.

Der Schlüssel liegt in der Fähigkeit, dieses Misstrauen mit Vertrauen auszugleichen, zu erkennen, wann Vorsicht notwendig ist und wann sie zum Hemmschuh wird. Kein Risiko einzugehen bedeutet in diesem Sinne nicht, das Leben zu verweigern, sondern sich für ein überlegtes Leben zu entscheiden, bei dem man darauf achtet, das zu bewahren, was für einen selbst wesentlich ist. Dies ist ein legitimer Weg, der es ermöglicht, Wachsamkeit und Freiheit, Stabilität und Wachstum miteinander in Einklang zu bringen.

REFLEXION 5: RISIKEN EINZUGEHEN, SICH FÜR ALLES UND JEDEN ZU ÖFFNEN, KANN AUCH EIN WEG SEIN, WENN ES EINE WAHL IST

Risiken einzugehen und sich für alles und jeden zu öffnen, kann ein faszinierender Weg sein, der von unendlichen Möglichkeiten und einem ungewöhnlichen Erfahrungsschatz geprägt ist. Wo sich Vorsicht und Misstrauen als Formen des Schutzes und des Umgangs mit Ungewissheit abzeichnen, ist der Mut, sich vertrauensvoll ins Unbekannte zu stürzen, ein ebenso legitimer Lebensweg, vorausgesetzt, es handelt sich um eine bewusste Entscheidung und nicht um eine bloße Unterwerfung unter einen Impuls.

Sich im Sinne der Erkundung und Entdeckung für alles und jeden zu öffnen, ist nicht gleichbedeutend mit Unvorsichtigkeit oder Naivität, sondern kann Ausdruck des Willens sein, durch vielfältige Erfahrungen zu wachsen. Es geht darum, anzuerkennen, dass das Eingehen von Risiken nicht nur eine

Wette auf das Unbekannte ist, sondern auch eine Form der Verpflichtung gegenüber dem Leben in all seiner Vielfalt und seinen Widersprüchen.

Risikobereitschaft als Akt des Glaubens an das Leben

Risiken einzugehen bedeutet, dass man bereit ist, seine Komfortzone zu verlassen, die Gewissheit aufzugeben und sich auf das Unbekannte einzulassen. Dies erfordert eine Form von Mut, aber auch ein grundlegendes Vertrauen in das Leben selbst. Wenn man sich dafür entscheidet, Risiken einzugehen, akzeptiert man implizit, dass nicht unbedingt alles nach Plan verlaufen wird, sondern man setzt auf seine Fähigkeit, Unvorhergesehenes zu überwinden und das Beste aus jeder Situation zu machen.

In diesem Sinne ist das Eingehen von Risiken ein Akt des Glaubens an sich selbst, an seine Fähigkeit, zurückzuschlagen, zu lernen und durch Scheitern ebenso wie durch Erfolg zu wachsen. Es ist aber auch ein Akt des Glaubens an das Leben und an das, was es zu bieten hat. Wer sich dem Risiko verschließt, schützt sich oft vor potenziellen Misserfolgen oder Schmerzen, beraubt sich aber auch der Überraschungen, unerwarteten Freuden und Begegnungen, die ein Leben verändern können.

Denken Sie an die Metapher des Tauchers, der am Rand einer Klippe steht und zögert, bevor er ins Wasser springt. Das Risiko einzugehen, zu tauchen, bedeutet, die Ungewissheit der Tiefe oder der Temperatur zu akzeptieren, aber es ist auch die Gelegenheit, das berauschende Gefühl des freien Falls und die Kühle eines Meeres zu erleben, das ein neues Abenteuer verspricht. Wer sich für das Tauchen entscheidet, weiß, dass das Risiko ein Teil des Lebens ist, die Belohnung aber in der Entdeckung liegt.

Sich für alles und jeden öffnen: eine Öffnung zur Welt

Sich für alles und jeden zu öffnen bedeutet, vorgefasste Urteile, Barrieren und Filter aufzugeben, die wir normalerweise in unseren Interaktionen mit anderen und mit der Welt anwenden.

Es bedeutet, sich für Inklusivität zu entscheiden und die Vielfalt der Erfahrungen, Perspektiven und Individuen ohne Angst zu begrüßen. In einer Welt, in der wir oft dazu neigen, uns aufgrund von Affinitäten oder Ähnlichkeiten zusammenzuschließen, ist die Entscheidung, sich für alles und jeden zu öffnen, ein Akt der Freiheit.

Diese Offenheit erfordert ein hohes Maß an Selbstvertrauen, da sie sich Unterschieden aussetzt, die manchmal verwirrend oder unbequem sein können. Man weiß nie genau, was man wird entdecken, wenn er sich einer neuen Person oder einer neuen Idee gegenüber öffnet. Doch gerade in diesem Unterschied liegt der Reichtum der menschlichen Erfahrung. Jede Begegnung wird zu einer Gelegenheit, zu lernen, sich zu bereichern, sich selbst in Frage zu stellen und sich weiterzuentwickeln.

Sich für alles zu öffnen bedeutet auch, zu akzeptieren, dass man nicht alles unter Kontrolle hat. Die Erfahrungen, die vor uns liegen, können uns verunsichern, aber sie können uns auch unerwartete Schätze bescheren: eine wertvolle Freundschaft, eine intensive Liebe, eine fruchtbare Zusammenarbeit oder sogar eine tiefe innere Wandlung. Es geht nicht darum, alles unkritisch zu akzeptieren, sondern darum, sich zu erlauben, zu experimentieren, zu fühlen und sich mit Realitäten auseinanderzusetzen, die man noch nicht kennt.

Freiheit beim Eingehen von Risiken: eine bewusste Entscheidung treffen

Was eine wohlüberlegte Risikobereitschaft von einem bloßen Wagnis unterscheidet, ist die Tatsache, dass es sich um eine bewusste Entscheidung handelt. Es geht nicht darum, sich unvorbereitet ins Ungewisse zu stürzen, sondern zu entscheiden, dass es sich trotz der Ungewissheit lohnt, das Risiko einzugehen. Das bedeutet, die Vor- und Nachteile abgewogen und entschieden zu haben, dass die potenzielle Belohnung das eingegangene Risiko rechtfertigt.

Den Weg des Risikos zu wählen, ist also eine Übung in Freiheit. Diese Freiheit besteht in der Fähigkeit, sich nicht von der Angst vor dem Scheitern oder von Konventionen, die uns sagen, was wir tun oder lassen sollen, lähmen zu lassen. Risiken einzugehen bedeutet, sein Recht einzufordern, zu erkunden, seine Grenzen auszutesten und das Beste zu entdecken, was das Leben zu bieten hat. Das bedeutet nicht, die Gefahren zu ignorieren, sondern sie als Teil des Weges zu akzeptieren.

Paradoxerweise ist es auch eine Möglichkeit, sich selbst besser kennen zu lernen. Indem man sich neuen Situationen, Unbekannten oder neuen Kontexten stellt, entdeckt man seine Stärken und Schwächen, seine tiefsten Wünsche und seine Grenzen. Jedes Eingehen eines Risikos wird so zu einer Lektion, nicht nur über die Welt, sondern auch über sich selbst.

Der Nutzen von Risiko: Wachstum und Transformation

Risiken einzugehen, sich neuen Erfahrungen und Menschen zu öffnen, ebnet den Weg für eine tiefgreifende Transformation. Indem das Risiko die Sicherheitsrahmen durchbricht, in denen wir uns normalerweise bewegen, zwingt es den Einzelnen, sich neu zu erfinden. Jede riskante Situation, ob sie nun zu einem Erfolg oder einem Misserfolg führt, zwingt uns, unsere Denkweise anzupassen, unsere Prioritäten neu zu setzen und unsere Art, das Leben anzugehen, zu überdenken.

In dieser Dynamik gewinnt die Risikobereitschaft an Bedeutung. Sie wird zu einem Motor für persönliches Wachstum. Momente der Unsicherheit, der Herausforderung oder sogar des Scheiterns sind es oft, die uns dazu bringen, aus unseren gewohnten Mustern auszubrechen, Fähigkeiten zu entwickeln, die wir nicht vermutet hätten, oder unsere Erwartungen völlig neu zu überdenken. Durch die Erfahrung des Risikos werden wir belastbarer, flexibler und paradoxerweise auch zuversichtlicher in Bezug auf unsere Fähigkeit, mit dem Unbekannten umzugehen.

Diese Fähigkeit, zurückzuspringen, ist oft das, was diejenigen, die bewusst Risiken eingehen, von denen unterscheidet, die sie systematisch vermeiden. Anstatt in einer Komfortzone zu verharren, die schließlich zu einer Zone der Langeweile oder der Stagnation wird, entscheiden sich Risikofreudige dafür, in einer Dynamik der ständigen Veränderung zu leben. Sie akzeptieren, dass jedes Eingehen eines Risikos ihren Kurs verändern kann, aber es ist genau diese Möglichkeit der Transformation, die sie anzieht.

Die menschliche Verbindung in der Offenheit für andere

Sich für alles und jeden zu öffnen, ist auch ein Weg zu einer tieferen und authentischeren menschlichen Verbindung. Das moderne Leben neigt oft dazu, Menschen zu isolieren, sie in sozialen Blasen oder engen Kreisen einzuschließen. Wenn man sich dem Unbekannten und neuen Menschen öffnet, erweitert man nicht nur sein soziales Netzwerk, sondern auch sein Verständnis für die menschliche Vielfalt.

In jeder Interaktion liegt die Möglichkeit einer Veränderung, einer gegenseitigen Bereicherung verborgen. Das Risiko einzugehen, zu vertrauen und anderen eine Chance zu geben, bedeutet anzuerkennen, dass der Reichtum des Lebens in der Interaktion, im Teilen von Erfahrungen liegt. Das mag riskant erscheinen, denn sein Herz und sein Leben Fremden gegenüber zu öffnen, kann manchmal zu Enttäuschungen führen. Aber es ist auch eine Möglichkeit, authentische Beziehungen aufzubauen und Bindungen zu schmieden, die ohne dieses anfängliche Risiko nicht möglich wären.

Risikobereitschaft als persönliche Entscheidung

Letztendlich sollte das Eingehen von Risiken und die Offenheit für alles und jeden nicht als soziale Verpflichtung oder als Erfolgszwang empfunden werden, sondern als persönliche Entscheidung. Diese Wahl beruht auf einer Vision des Lebens als

Abenteuer, in dem jeder Umweg, jedes Unvorhergesehene, eine Reihe von Überraschungen und Belohnungen mit sich bringen kann.

Es ist ein Weg, der nicht für jeden geeignet ist, aber für diejenigen, die ihn wählen, bietet er unendliche Möglichkeiten, zu lernen, zu wachsen und sich zu entfalten. Der Schlüssel liegt darin, dies bewusst zu tun, mit einem klaren Verständnis der Risiken und Vorteile und vor allem mit der Bereitschaft, Erfahrungen jeglicher Art als Chancen zur Weiterentwicklung zu begrüßen.

Schlussfolgerung: Mut zum Risiko und Offenheit als Lebensentscheidung

Risiken einzugehen und sich für alles und jeden zu öffnen, kann ein Weg sein, der reich an Entdeckungen, Veränderungen und Chancen ist. Dieser Weg erfordert Mut, Selbstvertrauen und die Akzeptanz von Ungewissheit. Aber er bietet im Gegenzug ein Leben voller Vielfalt, tiefer Erfahrungen und authentischer Beziehungen. Es ist kein Weg für jedermann, aber für diejenigen, die sich dafür entscheiden, ihm bewusst zu folgen, kann er zu einer einzigartigen Form der Selbstverwirklichung führen, die aus Wagemut, Freiheit und kontinuierlichem Wachstum besteht.

REFLEXION 6: SICH VOR ÄUSSEREN EINFLÜSSEN HÜTEN: MEDIEN, SOZIALE NETZWERKE, IDEEN, RELIGIONEN, BEZIEHUNGEN

In unserer modernen Welt haben äußere Einflüsse einen kolossalen Einfluss auf unser Denken, unser Verhalten und unsere Entscheidungen. Sie sind allgegenwärtig: von den traditionellen Medien über soziale Netzwerke bis hin zu Ideologien, religiösen Überzeugungen und persönlichen Beziehungen. Während diese Einflüsse unser Leben manchmal bereichern und uns neue Perspektiven eröffnen können, können sie uns, wenn wir nicht auf sie achten, auch manipulieren, uns von unseren wahren Werten abbringen und unser Urteilsvermögen trüben. In diesem Kapitel untersuchen wir, wie wichtig es ist, gegenüber diesen äußeren Kräften einen kritischen Geist zu entwickeln, und welche Mechanismen es gibt, um in einer von Informationen übersättigten Umgebung seine Authentizität zu bewahren.

1. Die Medien: Zwischen Information und Manipulation

Die traditionellen Medien - Fernsehen, Printmedien, Radio - waren lange Zeit für die meisten Menschen die Hauptinformationsquelle. Zwar besteht ihre Hauptaufgabe darin, zu informieren, doch spielen sie auch eine Rolle bei der öffentlichen Meinungsbildung. Allerdings wird jedes Medium von wirtschaftlichen, politischen oder ideologischen Interessen beeinflusst. Es ist daher unerlässlich, sich immer wieder vor Augen zu führen, dass es keine perfekte Neutralität gibt.

Nachrichtensender müssen z. B. Aufmerksamkeit erregen, um Werbeeinnahmen zu generieren, und das kann sie dazu verleiten, dramatische oder sensationalistische Geschichten zu bevorzugen. Darüber hinaus können einige Medien von Gruppen oder Einzelpersonen mit spezifischen Interessen kontrolliert werden. Daher ist es wichtig, Informationsquellen zu kreuzen und die Zuverlässigkeit und Pluralität der Meinungen zu überprüfen, bevor man sich ein Bild macht. Sich vor medialen Verzerrungen in Acht zu nehmen, ist ein erster Schritt in Richtung Gedankenfreiheit.

2. Soziale Netzwerke: Zerrspiegel der Realität

Mit dem Aufkommen sozialer Netzwerke hat die Beeinflussung von außen eine neue Dimension erreicht. Diese Plattformen sind darauf ausgelegt, unser Engagement zu maximieren, oft auf Kosten unseres Wohlbefindens. Sie nutzen psychologische Mechanismen aus, wie das Bedürfnis nach sozialer Anerkennung oder die Angst, etwas zu verpassen (FOMO - "Fear of Missing Out"). Jede Interaktion in einem sozialen Netzwerk - ein "Like", ein Kommentar, ein Teilen - mag harmlos erscheinen, aber sie trägt dazu bei, unsere Meinungen zu prägen, oft auf unterbewusste Weise.

Die Algorithmen dieser Plattformen sind so programmiert, dass sie uns Inhalte auf der Grundlage dessen zeigen, was uns bereits gefallen oder was wir uns angesehen haben. Dadurch kann eine "Filterblase" entstehen, eine Umgebung, in der wir ständig mit Ideen konfrontiert werden, die unseren eigenen ähnlich sind, was unsere Überzeugungen verstärkt und die Konfrontation mit abweichenden Meinungen verringert. Dadurch wird es schwierig, unsere Ideen in Frage zu stellen, da sie durch das digitale Umfeld, in dem wir uns bewegen, ständig bestätigt werden. Um nicht in diese Falle zu tappen, ist es von entscheidender Bedeutung, seine Informationsquellen zu diversifizieren und sich bewusst gegensätzlichen Standpunkten auszusetzen.

3. Ideen: Zwischen Inspiration und Indoktrination

Ideen sind sowohl mächtige Werkzeuge der Transformation als auch Waffen der Manipulation. Wir sind ständig neuen Ideen ausgesetzt, sei es durch Bücher, Vorträge, Diskussionen oder Online-Artikel. Sie können uns dazu inspirieren, unsere Denk- oder Handlungsweise zu ändern. Manche Ideen können jedoch auch auf subtile oder gar heimtückische Weise aufgezwungen werden.

Indoktrination tritt nicht immer in einer offensichtlichen Form auf. Manchmal tritt sie als gut gemeinter Ratschlag, populäres Gedankengut oder vereinfachende Slogans in Erscheinung. Angesichts dessen ist es entscheidend, sich bewusst zu bleiben, wie Ideen zirkulieren, und sich die Frage zu stellen: Wer profitiert davon? Warum wird diese Idee in den Vordergrund gerückt? Entspricht sie wirklich meinen inneren Werten?

Kritisches Denken zu entwickeln ist der Schlüssel, um in diesem Meer von Ideen zu navigieren. Das bedeutet, das Offensichtliche zu hinterfragen, Argumente zu analysieren und sich die Zeit zu nehmen, seine eigene Meinung zu bilden.

4. Religion: Zwischen Glaube und Einfluss

Religion ist für viele Menschen eine Quelle der spirituellen

Inspiration, des Trostes und der Moral. Sie kann jedoch auch eine Quelle der Kontrolle und Manipulation sein. Im Laufe der Geschichte wurde Religion oft dazu benutzt, Kriege zu rechtfertigen, Menschen zu diskriminieren oder Bevölkerungen unter Kontrolle zu halten.

In einem eher persönlichen Kontext kann es schwierig sein, zu unterscheiden, wo der persönliche Glaube aufhört und wo der Einfluss von außen beginnt. Wenn religiöse Dogmen bestimmte Verhaltensweisen, Lebensentscheidungen oder Überzeugungen ohne Raum für kritisches Nachdenken oder Hinterfragen vorschreiben, besteht die Gefahr, dass die persönliche Freiheit verloren geht.

Es ist wichtig, zwischen dem Glauben, der oft ein persönlicher und spiritueller Weg ist, und religiösem Einfluss, der manchmal institutionalisiert und zwanghaft sein kann, zu unterscheiden. Wer sich für den interreligiösen Dialog öffnet, Glaubensunterschiede versteht und über seine eigene Beziehung zur Spiritualität nachdenkt, kann vermeiden, von einer religiösen Institution übermäßig beeinflusst zu werden.

5. Persönliche Beziehungen: Zwischen Einfluss und Integrität

Unsere zwischenmenschlichen Beziehungen - Familie, Freunde, Kollegen - sind eine direkte und manchmal auch subtile Quelle der Beeinflussung. Oft übernehmen wir Verhaltensweisen, Meinungen oder Gewohnheiten einfach nur, um uns den Menschen in unserer Umgebung anzupassen. Der Wunsch, zu einer Gruppe zu gehören oder bestimmten Personen zu gefallen, kann uns dazu bringen, unsere Entscheidungen zu ändern, manchmal sogar ohne dass wir uns dessen bewusst sind.

Toxische Beziehungen können z. B. ein fruchtbarer Boden für emotionale Manipulation sein. Menschen können versuchen, unser Denken, Handeln oder sogar unsere Wahrnehmung der Welt zu kontrollieren, indem sie mit unserem Bedürfnis nach Bestätigung spielen oder die

Schuldgefühle zu erzeugen. Diese Einflüsse erkennen zu können, ist entscheidend, um die eigene Integrität zu wahren und sich selbst treu zu bleiben.

Um sich in unseren Beziehungen vor äußeren Einflüssen zu schützen, ist es wichtig, Authentizität und Selbstvertrauen zu kultivieren. Dazu gehört die Fähigkeit, Nein zu sagen, Grenzen zu setzen und unterscheiden zu können zwischen den eigenen Wünschen und denen, die man glaubt haben zu müssen, um andere zufriedenzustellen. Eine gesunde Beziehung sollte die individuelle Freiheit und den gegenseitigen Respekt fördern.

Schlussfolgerung

Die moderne Welt ist voll von äußeren Einflüssen, sei es durch die Medien, soziale Netzwerke, Ideen, Religionen oder persönliche Beziehungen. Während einige davon bereichernd sein können, können uns andere manipulieren und uns von unserer eigenen Wahrheit abbringen. Deshalb ist es so wichtig, einen kritischen Geist zu entwickeln, das, was uns präsentiert wird, in Frage zu stellen und uns selbst kennen zu lernen. Äußeren Einflüssen zu misstrauen, ist in erster Linie ein Akt der Autonomie und Freiheit. Es bedeutet, sich dafür zu entscheiden, nicht nur ein Blatt zu sein, das vom Wind getragen wird, sondern der Kapitän seines eigenen Schicksals zu werden.

REFLEXION 7: ÄUSSERE EINFLÜSSE NUTZEN, UM VORANZUKOMMEN, SICH AUFZUBAUEN UND SEINEN EIGENEN WEG ZU FINDEN

In einer Welt voller Reize, Ideen, Meinungen und Informationen kann es leicht sein, äußere Einflüsse als bedrückende Kräfte zu empfinden. Doch wenn sie gut kontrolliert und gefiltert werden, können diese Einflüsse zu mächtigen Werkzeugen werden, um zu wachsen, sich zu entwickeln und einen persönlichen Weg zu beschreiten. Medien, soziale Netzwerke, Ideen, Überzeugungen und Beziehungen sind nicht nur manipulative Faktoren; sie können auch Hebel für die Entfaltung sein, wenn man weiß, wie man sie sinnvoll einsetzt. Dieses Kapitel untersucht, wie man diese Einflüsse nutzen kann, um im Leben voranzukommen, seine Mitte zu finden und einen authentischen Weg zu schmieden.

1. Die Medien in eine Quelle der persönlichen Bereicherung verwandeln

Die Medien sind eine unerschöpfliche Quelle von Informationen, die uns aufklären und unsere Sicht der Welt erweitern können. Anstatt sie nur als Vehikel für Manipulation oder Sensationsgier wahrzunehmen, können wir lernen, sie strategisch für unsere eigene Entwicklung zu nutzen.

Alles beginnt mit der Auswahl der Medien, die wir konsumieren. Anstatt sich von dem unaufhörlichen Strom oberflächlicher Informationen überrollen zu lassen, können wir zuverlässige und relevante Quellen auswählen, die unseren Interessen und unserem Entwicklungsbedarf entsprechen. Dokumentarfilme, Fachzeitschriften, tiefgründige Analysen von Experten, Bücher und Reportagen über komplexe Themen können unser Denken anregen und uns inspirieren.

Die Fähigkeit, verschiedene Perspektiven auf ein und dieselbe Frage zu hören, ist auch eine Möglichkeit, seinen kritischen Geist zu schärfen. Indem wir mit verschiedenen Denkweisen konfrontiert werden, können wir erkennen, was mit unseren Werten und Bestrebungen übereinstimmt, und gleichzeitig offen für neue Ideen bleiben. Auf diese Weise werden die Medien nicht nur zu einer Informationsquelle, sondern auch zu einem Werkzeug, mit dem wir unser Weltbewusstsein entwickeln, unsere Allgemeinbildung bereichern und unser Denken verfeinern können.

2. Soziale Netzwerke: Labor für Ideen und Kreativität

Soziale Netzwerke werden zwar oft wegen ihrer schädlichen Auswirkungen auf die geistige Gesundheit und die Aufmerksamkeit kritisiert, doch sie können sich auch in ein Labor für Ideen und Kreativität verwandeln, wenn man sie klug zu nutzen weiß. Anstatt Algorithmen zu erdulden, die uns in die Oberflächlichkeit drängen, kann man die Kontrolle über seine digitale Erfahrung übernehmen.

Soziale Netzwerke sind voll von leidenschaftlichen Gemeinschaften und hochwertigen Content-Erstellern, die

Wissen, praktische Tipps, innovative Ideen oder philosophische Ansätze teilen. Durch eine sorgfältige Auswahl der Personen, denen man folgt, kann man ein inspirierendes digitales Umfeld aufbauen, das unsere Kreativität fördert und uns hilft, motiviert zu bleiben. Egal, ob es sich um Denker, Unternehmer, Künstler oder

Wissenschaftlern kann das Folgen von Menschen, die unsere Werte und Ambitionen teilen, wie ein Katalysator für unsere eigenen Projekte wirken.

Darüber hinaus bieten soziale Netzwerke einzigartige Möglichkeiten, sich mit Menschen aus der ganzen Welt zu verbinden, unterschiedliche kulturelle Perspektiven zu entdecken und Ideen auszutauschen. Diese Interaktionen können unseren Horizont erweitern, Innovationen fördern und unseren eigenen kreativen Prozess nähren. Wenn wir lernen, diese Plattformen zum Aufbau eines starken persönlichen Netzwerks und nicht zur Bestätigung oberflächlicher Wünsche zu nutzen, können wir eine potenzielle Ablenkung in eine Quelle des persönlichen Fortschritts verwandeln.

3. Ideen: Sich inspirieren lassen, um innovativ zu sein

Die Auseinandersetzung mit neuen Ideen, sei es aus Büchern, Vorträgen oder Diskussionen, ist für den Fortschritt von entscheidender Bedeutung. Jede neue Idee, jedes Konzept, dem wir begegnen, hat das Potenzial, eine innere Reflexion auszulösen, etablierte Überzeugungen in Frage zu stellen oder einen Aspekt unseres Lebens zu beleuchten, den wir bisher noch nicht in Betracht gezogen haben. In dieser Begegnung mit dem Unbekannten liegt der Schlüssel zur persönlichen Transformation.

Man muss sich nicht indoktrinieren lassen, sondern kann sich Ideen mit Neugier und Unterscheidungsvermögen nähern. Eine Idee muss nicht unbedingt so übernommen werden, wie sie ist, um nützlich zu sein: Manchmal dient sie als Sprungbrett, um eine neue, eigene Idee zu generieren. Indem wir uns einer Vielfalt an Meinungen und Gedanken aussetzen, schaffen wir einen fruchtbaren Boden für unsere eigenen Innovationen und einzigartigen Lösungen.

Ideen sollten nicht als absolute Wahrheiten betrachtet werden, sondern als Materialien, mit denen wir unsere eigene Weltanschauung aufbauen können. Sie nähren unser Denken, aber erst wenn wir sie mit unserer eigenen Erfahrung, unseren Intuitionen und unserer Persönlichkeit konfrontieren, können wir sie in etwas wirklich Neues und Persönliches verwandeln.

4. Religion und Spiritualität: Innere Führung finden

Religiöse und spirituelle Überzeugungen spielen im Leben vieler Menschen eine wesentliche Rolle. Wenn sie bewusst gewählt und persönlich gelebt werden, können sie in einer oft chaotischen Welt Richtung, Sinn und Stabilität bieten. Anstatt äußere Dogmen einfach zu akzeptieren, kann man die Spiritualität als Werkzeug nutzen, um sich zu zentrieren, inneren Frieden zu finden und sein Handeln zu lenken.

Spiritualität kann sehr unterschiedliche Formen annehmen und ist nicht auf traditionelle religiöse Praktiken beschränkt. Für manche mag sie in einer bestimmten Religion verankert sein, während sie sich für andere in Meditations- oder Achtsamkeitspraktiken oder einfach in der Verbindung mit der Natur und dem Universum manifestiert. Entscheidend ist, dass wir einen Weg wählen, der mit unserem innersten Wesen in Resonanz steht, der uns hilft, uns zu erheben und auf unserem eigenen Weg voranzukommen.

Wenn wir eine spirituelle Dimension in unseren Alltag integrieren, können wir diese Energie anzapfen, um auch angesichts von Herausforderungen und Unsicherheiten eine klare Richtung und einen Sinn in unserem Handeln zu bewahren.

5. Persönliche Beziehungen: Sich auf andere verlassen, um zu wachsen

Unsere menschlichen Beziehungen sind mächtige Spiegel, die uns auf uns selbst zurückwerfen und uns helfen, uns weiterzuentwickeln. Die Menschen, die wir zu unserem engsten Kreis wählen, können uns unterstützen, inspirieren und führen. Sie können uns auch mit unseren eigenen Grenzen konfrontieren und uns dazu bringen, diese zu überschreiten.

Sich mit Menschen zu umgeben, die unsere Bestrebungen teilen und uns in unseren Vorhaben bestärken, ist entscheidend, um voranzukommen. Es ist wichtig, Beziehungen aufzubauen, die auf Wohlwollen, gegenseitigem Respekt und Authentizität beruhen. Diese nährenden Beziehungen wirken in Momenten des Zweifels als Halt und bieten uns gleichzeitig einen Rahmen, in dem wir uns frei ausdrücken und weiterentwickeln können.

Von anderen zu lernen ist ebenfalls ein wichtiger Schlüssel zur persönlichen Entwicklung. Jeder Mensch hat seinen eigenen Hintergrund, seine eigenen Erfahrungen und kann wertvolle Einblicke in Aspekte des Lebens geben, die wir bisher noch nicht erforscht haben. Indem wir aktiv zuhören, uns austauschen und offen für den Rat anderer sind, vergrößern wir unsere Chancen auf Wachstum und Erfüllung.

Schlussfolgerung

Äußere Einflüsse, ob sie nun aus den Medien, sozialen Netzwerken, Ideen, religiösen Überzeugungen oder persönlichen Beziehungen stammen, sind nicht zwangsläufig negative Kräfte. Wenn sie mit Bedacht eingesetzt werden, werden sie zu mächtigen Werkzeugen, um voranzukommen, sich aufzubauen und Fortschritte zu machen. Wichtig ist, dass wir die Kontrolle über diese Einflüsse behalten, sie nach unseren eigenen Werten und Zielen filtern und sie auf authentische Weise in unseren persönlichen Weg integrieren. Wenn wir diese Einflüsse nutzen, um zu wachsen, schmieden wir einen einzigartigen, auf unsere tiefsten Sehnsüchte ausgerichteten Weg, der es uns ermöglicht, uns selbst treu zu bleiben, während wir uns in einer sich ständig wandelnden Welt bewegen.

REFLEXION 8: EIN VENTIL FINDEN: SPORT, KUNST, FREIZEIT UND SELBSTAUFOPFERUNG

In einer Welt, in der sich die Spannungen häufen und die äußeren Anforderungen ständig steigen, ist es wichtig, Wege zu finden, um neue Energie zu tanken, Stress abzubauen und Gefühle auszudrücken. Ventile wie Sport, Kunst, Hobbys und Selbstaufopferung helfen nicht nur, ein Gleichgewicht zu finden, sondern auch, sich wieder mit sich selbst zu verbinden, unterdrückte Gefühle auszuleben und einen Raum für persönliche Regeneration zu schaffen. Diese Aktivitäten wirken wie Sicherheitsventile, die uns dabei helfen, unsere Energien konstruktiv zu kanalisieren und durch Handeln einen Sinn zu finden. Dieses Kapitel untersucht die verschiedenen Arten, wie diese Ventile unser mentales, emotionales und spirituelles Wohlbefinden nähren können.

1. Sport: Kanalisierung der körperlichen und geistigen Energie

Sport ist wohl eines der stärksten Ventile, sowohl für den Körper als auch für den Geist. Wenn wir regelmäßig Sport treiben, setzen wir Endorphine frei, die berühmten "Glückshormone", die Stress abbauen und die Stimmung aufhellen. Sport ist jedoch viel mehr als nur ein Mittel, um sich auszutoben: Er kanalisiert die Energie, fördert die Disziplin und hilft uns, uns neu zu fokussieren.

In einer Welt, in der geistige Anforderungen allgegenwärtig sind, bringt uns körperliche Anstrengung zurück in den gegenwärtigen Moment. Ob Laufen, Schwimmen, Yoga oder Kampfsport - diese Disziplinen zwingen uns dazu, auf unseren Körper zu hören, auf unsere Bewegungen, unsere Atmung und unsere Empfindungen zu achten. Dadurch entsteht ein Raum, in dem wir uns von den Alltagssorgen abkoppeln können und der Geist eine Atempause findet.

Neben diesen mentalen Vorteilen ist Sport ein hervorragendes Mittel, um an Durchhaltevermögen und Selbstbeherrschung zu arbeiten. Das Erreichen sportlicher Ziele, Fortschritte und die Überwindung der eigenen körperlichen Grenzen können sich direkt auf unser Selbstwertgefühl auswirken. Es lehrt uns, dass wir zu großen Dingen fähig sind, wenn wir uns anstrengen, und diese Lektion lässt sich auf alle Aspekte des Lebens übertragen.

2. Kunst: Emotionen ausdrücken und innere Zuflucht finden

Kunst in all ihren Formen - Malerei, Musik, Schreiben, Tanz, Fotografie - ist ein mächtiges Ventil, mit dem wir unsere tiefsten Gefühle ausleben können. Während Sport körperliche Energie kanalisiert, bietet die Kunst einen Weg, das auszudrücken, was in unserem Inneren vorgeht, oft jenseits von Worten.

Kreatives Schaffen bedeutet, dass wir uns erlauben, komplexe Gefühle, unterdrückte Gedanken oder Erfahrungen zu erforschen, die wir nicht immer in Worte fassen können. Die Kunst ermöglicht es, diesen Gefühlen auf konkrete Weise Gestalt zu verleihen, sei es auf einer Leinwand, durch eine Melodie oder durch Worte. Es ist ein Akt der Transformation, der emotionalen Ballast abwirft und gleichzeitig etwas Neues und Persönliches erschafft.

Kunst ist nicht nur ein Ausdrucksmittel, sondern auch ein

Zufluchtsort, ein Ort, an dem wir uns wieder mit uns selbst und der Welt verbinden können. Sie hilft uns, uns neu zu zentrieren und ein inneres Gleichgewicht zu finden. Kunst lädt uns zu Kontemplation, Reflexion und Präsenz im gegenwärtigen Moment ein und bietet uns gleichzeitig einen Raum zum Träumen, Vorstellen und Erforschen von Welten, die über unsere alltägliche Realität hinausgehen.

Schließlich hat die Kunst die einzigartige Fähigkeit, Menschen miteinander zu verbinden. Ein Kunstwerk zu teilen, ein Lied zu hören, einen Film zu sehen oder einer Performance beizuwohnen, sind alles Möglichkeiten, Verbindungen zu knüpfen und gemeinsame menschliche Erfahrungen zu teilen. Es ist eine Form des kollektiven Ausdrucks, die kulturelle, sprachliche oder persönliche Barrieren überwindet.

3. Freizeit: Räume der Entschleunigung und des Vergnügens schaffen

Freizeitaktivitäten, ob handwerklich, geistig oder sozial, spielen eine entscheidende Rolle für unser allgemeines Wohlbefinden. Sie schaffen Momente der Pause und der Entschleunigung, und ermöglichen es, sich Aktivitäten zu widmen, die uns Freude bereiten und uns eine Pause von den Anforderungen des Alltags verschaffen.

Einem Hobby nachzugehen - sei es Lesen, Gartenarbeit, Kochen, Videospiele oder Reisen - ist eine Möglichkeit, mit der Routine zu brechen und Teile von uns zu stimulieren, die wir bei unserer Arbeit oder unseren Verpflichtungen nicht immer fordern. Diese Momente der Entspannung nähren unsere Kreativität, laden unsere Energie auf und ermöglichen es uns, Lebensfreude zu kultivieren.

Freizeit ist auch eine gute Zeit, um neue Interessen zu erforschen und verborgene Talente zu entdecken. Oftmals ermöglichen sie es uns, unsere Komfortzone zu verlassen, neue Fähigkeiten zu erlernen und unsere natürliche Neugier zu fördern. In einem lockeren Rahmen können wir ohne Druck experimentieren, was unser Selbstvertrauen und das Gefühl der Selbstverwirklichung stärkt.

Indem wir in unserem Leben regelmäßige Räume für diese Aktivitäten schaffen, kultivieren wir ein Gleichgewicht zwischen Anstrengung und Entspannung, zwischen Leistung und Vergnügen. Freizeit ist keine Zeitverschwendung, sondern im Gegenteil eine Notwendigkeit für unser Wohlbefinden. Sie eröffnet uns eine neue Perspektive auf die Art und Weise, wie wir leben und mit unserer Energie umgehen.

4. Die Selbsthingabe: Sinnfindung durch den Anderen

Die Selbsthingabe, ob sie sich nun durch Freiwilligenarbeit, Hilfe für andere oder Engagement für altruistische Zwecke manifestiert, ist ein einzigartiges Ventil. Es ermöglicht uns, aus uns selbst herauszutreten und uns anderen zuzuwenden, und bietet eine Möglichkeit, unserem Leben durch Handeln einen Sinn zu geben. Indem wir anderen helfen, transzendieren wir unsere eigenen Sorgen und finden oft Lösungen für unsere eigenen Schwierigkeiten.

Das Gefühl, zu etwas Größerem als sich selbst beizutragen, ist zutiefst nährend. Es kann eine so einfache Handlung sein, wie Zeit für eine humanitäre Sache zu opfern, einem Nachbarn zu helfen oder sich an einer Gemeinschaftsaktivität zu beteiligen. Durch das Geben von sich selbst können wir uns mit einer größeren Menschheit verbinden, spüren, dass wir Teil eines Ganzen sind und die Welt positiv beeinflussen können.

Einer der tiefgreifendsten Vorteile des Gebens liegt im Austausch, der daraus resultiert. Wenn wir anderen helfen, erhalten wir im Gegenzug ein Gefühl der Erfüllung und Dankbarkeit. Wir erkennen, dass wir Ressourcen, Fähigkeiten oder auch nur Zeit zu verschenken haben, was unser Selbstwertgefühl und das Gefühl, gebraucht zu werden, stärkt. Dies hilft uns, aus der Spirale von Stress oder Angst auszubrechen und uns auf die Bedürfnisse und Erfahrungen anderer zu konzentrieren.

Darüber hinaus fördert das Geben Empathie, Mitgefühl und Toleranz. Wenn wir anderen Realitäten, Lebens- oder Denkweisen ausgesetzt sind, entwickeln wir eine größere Offenheit und die Fähigkeit, andere Menschen zu verstehen. Diese Offenheit bereichert nicht nur die Beziehungen, die wir zu anderen pflegen, sondern stärkt auch unsere eigene Widerstandsfähigkeit gegenüber den Herausforderungen des Lebens.

Schlussfolgerung

Dic Ventile Sport, Kunst, Freizeit und Selbstaufopferung sind starke Mittel, um unser geistiges, körperliches und emotionales Wohlbefinden zu kultivieren. Sie ermöglichen es uns, unsere Energie zu kanalisieren, unsere Gefühle auszudrücken, Momente der Entspannung zu schaffen und unseren Handlungen einen Sinn zu verleihen. Diese Aktivitäten sind keine bloßen Ablenkungen, sondern wesentliche Praktiken, die uns helfen, im Gleichgewicht zu bleiben, uns um uns selbst zu kümmern und unseren Platz in der Welt besser zu verstehen.

Wenn wir diese Ventile in unseren Alltag integrieren, stärken wir unsere Fähigkeit, Herausforderungen zu bewältigen, Stress zu bewältigen und Freude an den kleinen und großen Dingen des Lebens zu finden. Ob es darum geht, durch Sport über sich hinauszuwachsen, sich durch Kunst auszudrücken, durch Hobbys zu entspannen oder durch Selbsthingabe einen Sinn zu finden - diese Praktiken leiten uns zu einem erfüllteren und ausgeglicheneren Leben an. Sie erinnern uns daran, dass wir alle die Ressourcen in uns tragen, die wir brauchen, um in einer sich ständig verändernden Welt voranzukommen, zu wachsen und zu gedeihen.

REFLEXION 9: VERSCHIEDENE WEGE GEHEN, UM DEN EIGENEN ZU FINDEN

Die Suche nach sich selbst wird oft als ein persönlicher Weg beschrieben, eine Straße, die jeder auf seine Weise beschreitet. Doch im Gegensatz zu dem Bild einer geraden Linie, die auf ein einziges Ziel zuläuft, besteht das Leben aus Umwegen, Abzweigungen, Sackgassen und Momenten des Zögerns. Um seinen eigenen Weg zu finden, muss man mehrere Pfade beschreiten, verschiedene Optionen ausloten und sich mit dem Unbekannten auseinandersetzen. Dieser Prozess ist keineswegs ein Misserfolg oder eine Zeitverschwendung, sondern im Gegenteil das, was uns ermöglicht, uns selbst wirklich zu entdecken. Dieses Kapitel untersucht, wie das Experimentieren und die Vielfalt der Erfahrungen für die Gestaltung des eigenen Weges von entscheidender Bedeutung sind.

1. Erkundung als Lernprozess

Es ist selten, dass man von Anfang an weiß, was man wirklich im Leben will. Gesellschaftliche Erwartungen, familiäre Einflüsse und Druck von außen können uns leicht in Richtungen lenken, die nicht mit unseren tiefsten Sehnsüchten übereinstimmen. Vor diesem Hintergrund ist es entscheidend, das Erkunden als eine natürliche und notwendige Phase der persönlichen Entwicklung zu betrachten.

Die Vorstellung, dass der Lebensweg linear verlaufen muss, führt oft zu Frustrationen. Dabei sind es oft die Umwege und vielfältigen Versuche, die uns erkennen lassen, wer wir wirklich sind. Jede neue Erfahrung, jeder eingeschlagene Weg, ob vorübergehend oder langfristig, bringt wertvolle Erkenntnisse. Selbst Wege, die scheinbar von unseren ursprünglichen Zielen abweichen, tragen zum Aufbau unserer Identität bei. Sie ermöglichen es uns, Kompetenzen, Perspektiven und manchmal sogar ungeahnte Leidenschaften zu entwickeln.

So ist das Beschreiten verschiedener Wege, das Ausprobieren unterschiedlicher Berufe, das Erforschen vielfältiger Interessen oder das Leben an verschiedenen Orten eine Möglichkeit, etwas über sich selbst zu lernen. Diese Erkundungen sind keine Misserfolge, sondern Erfahrungen, die uns helfen, besser zu verstehen, was wir lieben, was uns motiviert und was uns glücklich macht.

2. Sich zu verlieren wagen, um sich besser wiederzufinden

Sich zu verlieren wird oft als ein Gefühl der Verwirrung oder Verlorenheit wahrgenommen. Doch manchmal ist es notwendig, sich zu verlieren, um sich besser wiederzufinden. Das Leben ist kein vorgefertigter Plan, bei dem jeder Schritt in Stein gemeißelt ist. Stattdessen ist es wichtig, sich zu erlauben, umherzuwandern und Pfade zu erkunden, die man nicht kannte, auch wenn sie auf den ersten Blick weit entfernt von dem zu sein scheinen, was man für "seinen" Weg hielt.

Sich zu verlieren zu wagen bedeutet, Ungewissheit und Unvorhergesehenes zu akzeptieren. Es bedeutet, offen für Erfahrungen zu sein, die man nie in Betracht gezogen hätte. Manchmal sind es gerade die Momente des Verirrens, in denen die schönsten Entdeckungen auftauchen. Eine zufällige Begegnung, eine unerwartete Gelegenheit oder einfach eine Zeit des Nachdenkens im Unbekannten können unsere Perspektive auf das Leben radikal verändern.

Sich zu verlieren ist auch eine Möglichkeit, die Entscheidungen, die man bisher getroffen hat, zu hinterfragen. Vielleicht war ein Weg, den man aus Gewohnheit oder aus Angst vor Veränderungen eingeschlagen hat, nicht wirklich der richtige für einen selbst. Wenn man sich traut, andere Optionen zu erkunden und kalkulierte Risiken einzugehen, öffnet man die Tür zu neuen Möglichkeiten und entdeckt vielleicht einen Weg, der mehr mit den eigenen tiefen Sehnsüchten übereinstimmt.

3. Die Vielfalt der Erfahrungen: ein Reichtum für den Aufbau des Selbst

Jeder Weg, den wir gehen, trägt dazu bei, unser persönliches Gepäck zu bereichern. Das können Reisen, Studien, verschiedene Jobs oder auch vielfältige zwischenmenschliche Beziehungen sein. Jede Erfahrung, ob positiv oder negativ, formt uns und lehrt uns etwas Neues über uns selbst und die Welt.

Aus dieser Perspektive ist es von entscheidender Bedeutung, sich nicht auf ein einziges Fachgebiet, eine einzige Karriere oder eine einzige Lebensweise zu beschränken. Das Leben ist ein Bündel von Möglichkeiten, und wenn man mehr Erfahrungen sammelt, kann man seinen Horizont erweitern. Ein wechselvoller beruflicher Werdegang kann beispielsweise bereichsübergreifende Kompetenzen, geistige Flexibilität und Anpassungsfähigkeit bieten, die in der modernen Welt von unschätzbarem Wert sind. Ebenso ermöglichen uns vielfältige kulturelle Erfahrungen oder Reisen durch die ganze Welt, die Vielfalt der Denkweisen und Lebenseinstellungen zu verstehen.

Jede neue Erfahrung ist eine Quelle der persönlichen Bereicherung, die uns hilft, unseren eigenen Weg besser zu definieren. Sie hilft uns, unsere Prioritäten zu klären, zu wissen, was uns wirklich wichtig ist, und unsere eigene Vorstellung von Glück und Erfolg zu schärfen.

4. Auf seine Intuition hören können, um seinen Weg zu wählen

Auch wenn das Beschreiten mehrerer Wege eine Möglichkeit ist, zu erforschen und zu lernen, ist es ebenso wichtig, innezuhalten und auf seine Intuition zu hören. Unsere moderne Welt legt oft Wert auf Rationalität und darauf, Entscheidungen auf der Grundlage harter Fakten zu treffen. Dennoch spielt die Intuition eine entscheidende Rolle bei der Wahl unseres eigenen Weges. Sie führt uns zu dem, was zutiefst mit unserem Wesen in Resonanz steht, auch wenn dies manchmal gegen das verstößt, was "vernünftig" erscheint oder von anderen erwartet wird.

Auf seine Intuition zu hören bedeutet, auf das zu achten, was uns bewegt, was in uns eine echte Leidenschaft oder ein gutes Gefühl auslöst. Manchmal ist es nicht der offensichtlichste oder einfachste Weg, der uns zusagt, sondern der, der uns ruft, und sei es auf noch so subtile Weise. Zu lernen, diese inneren Signale zu erkennen, ist entscheidend, um seinen eigenen Weg zu finden.

Auch die Intuition fordert uns auf, dem Prozess zu vertrauen. Selbst wenn wir keine klare Vorstellung von unserem endgültigen Ziel haben, ist es möglich, den Zeichen und inneren Impulsen zu folgen, die uns allmählich zu dem führen, was uns entspricht.
Intuition ist nicht immer rational, sondern spiegelt oft unser wahres Wesen wider, das sich jenseits von gesellschaftlichen Konditionierungen und Ängsten manifestiert.

5. Die Bedeutung von Geduld und Beharrlichkeit

Seinen Weg zu finden ist selten ein schneller oder linearer Prozess. Er erfordert Zeit, Versuch und Irrtum und manchmal auch viel Durchhaltevermögen. Die moderne Gesellschaft schätzt oft Schnelligkeit und Effizienz, aber seinen eigenen Weg zu finden ist ein organischer Prozess, der nicht überstürzt werden kann.

Es ist wichtig, zu akzeptieren, dass gewisse Umwege, Fehler oder Zögern Teil des Prozesses sind. Es handelt sich dabei nicht um einen Mangel an Klarheit oder Motivation, sondern um eine natürliche Erkundung. Jeder Schritt, den wir tun, auch wenn er uns scheinbar von unseren Zielen entfernt, bringt uns in Wirklichkeit näher zu uns selbst.

Geduld ist von entscheidender Bedeutung. Sie hilft uns, angesichts von Schwierigkeiten, Momenten des Zweifels oder vorübergehenden Misserfolgen nicht den Mut zu verlieren. Beharrlichkeit wiederum ermutigt uns, weiterzumachen, neue Ansätze auszuprobieren und offen für sich bietende Gelegenheiten zu bleiben. Seinen Weg zu finden ist ein persönliches Abenteuer, und jeder Schritt, jeder Umweg ist Teil der Reise.

Schlussfolgerung

Verschiedene Wege zu gehen, bevor man seinen eigenen findet, ist ein grundlegender Aspekt der persönlichen Entwicklung. Das Erkunden verschiedener Wege ist keine Zeitverschwendung, sondern führt zu einer besseren Selbsterkenntnis, einem erweiterten Horizont und der Entdeckung dessen, was wirklich mit unserem Innersten übereinstimmt. Sich verlieren, erforschen, ausprobieren und experimentieren sind alles notwendige Schritte, um ein Leben zu schmieden, das uns entspricht.

Jeder Weg, auch der, den man auf dem Weg verlässt, bringt einen Reichtum, einen Lernprozess. Wenn man diese Vielfalt der Wege akzeptiert, auf seine Intuition hört und Geduld und Ausdauer beweist, ist es möglich, einen einzigartigen Weg zu beschreiten, der den eigenen tiefen Sehnsüchten treu bleibt. Wenn man sich traut, verschiedene Pfade zu erkunden, findet man schließlich den einen, der einen zur Fülle und Erfüllung führt.

REFLEXION 10: ABENTEURER ODER BAUMEISTER, STUBENHOCKER ODER ENTDECKER - ES GIBT KEINEN RICHTIGEN ODER FALSCHEN WEG, SONDERN NUR DEN, DEN MAN WÄHLT.

In einer Gesellschaft, die oft bestimmte Wege höher bewertet als andere, ist es verlockend zu glauben, dass es einen "richtigen" Weg gibt, den man gehen muss, um glücklich zu sein oder ein erfolgreiches Leben zu führen. Die Wahrheit ist jedoch, dass jeder von uns einzigartig ist und dass es kein universelles Modell gibt.

Manche Menschen sind Entdecker, immer auf der Suche nach Neuem und Abenteuern, während andere ihr Glück in der Stabilität und dem Aufbau eines fest verankerten Lebens finden.

Der Schlüssel zur Erfüllung liegt nicht in der Wahl eines aufgezwungenen Weges, sondern in dem Weg, den man im Einklang mit seinen tiefsten Sehnsüchten wählt. Dieses Kapitel erkundet die Vielfalt der Lebenswege und die Freiheit, den eigenen Weg ohne Wertung zu wählen.

1. Der Abenteurer: die Lust am Unbekannten und die Suche nach Entdeckungen

Ein Abenteurer ist jemand, der sich vom Unbekannten angezogen fühlt, von dem, was sich der Routine und der Sicherheit entzieht. Für ihn ist das Leben eine endlose Erkundung, ein Weg, auf dem jede Abzweigung eine Gelegenheit ist, etwas Neues zu entdecken. Er hat keine Angst davor, seine Komfortzone zu verlassen, im Gegenteil, er flieht vor ihr und sucht nach unerforschten Horizonten. Reisen, neue Erfahrungen und persönliche Herausforderungen sind ein fester Bestandteil seiner Suche.

Der Abenteurer strebt in seinem Wesen danach, sich mit der Welt auseinanderzusetzen, sich selbst durch andere zu entdecken und seine eigenen Grenzen zu erweitern. Er findet seine Erfüllung in der Bewegung, im ständigen Lernen und in der Vielfalt der Erfahrungen. Für manche wird das Abenteuer durch große Reisen, ferne Expeditionen oder häufige Ortswechsel erlebt. Für andere kann es eher innerlich sein, wie eine intellektuelle Suche, eine kreative Erkundung oder eine unternehmerische Herausforderung.

Abenteurer sind keineswegs auf der Flucht oder haben keine Verankerung, sondern sind oft auf der Suche nach Sinn durch Handeln und Entdecken. Seine Fähigkeit, die Ungewissheit zu umarmen und sich an ständig wechselnde Umgebungen anzupassen, ist eine seiner Stärken. Es ist jedoch wichtig zu erkennen, dass dieser Weg, auch wenn er für manche attraktiv ist, nicht universell ist. Diese Lebensweise ist nicht für jeden geeignet, und genau darin liegt die Schönheit der Vielfalt der Lebenswege.

2. Der Baumeister: Das Streben nach Stabilität und Tiefe

Das Gegenteil des Abenteurers ist der Baumeister. Für ihn liegt das Glück im Aufbau eines stabilen Lebens, das auf einem soliden Fundament steht. Der Erbauer strebt nach Kontinuität und Sicherheit, nicht aus Angst vor Veränderungen, sondern aus dem tiefen Wunsch heraus, eine bleibende Spur zu hinterlassen. Er liebt es zu kultivieren, langfristig zu investieren und die Früchte seiner Arbeit im Laufe der Zeit wachsen zu sehen.

Der Erbauer findet seine Erfüllung in der Vertiefung, sei es in einer Karriere, einer Beziehung, einem Projekt oder einem Lebensort. Er liebt es, sich einer Aufgabe zu widmen und sie Schritt für Schritt zum Erfolg zu führen. Er genießt es, Wurzeln zu schlagen, seine Fähigkeiten zu entwickeln und tiefe, stabile Beziehungen zu pflegen. Im Gegensatz zu dem Bild der Langeweile, das manchmal mit Routine assoziiert wird, ist diese Stabilität für den Baumeister eine Quelle der Gelassenheit und Zufriedenheit. Jeder Ziegelstein, den er setzt, gibt ihm ein Gefühl des Fortschritts und der Erfüllung.

Für manche ist die Entscheidung für ein geerdetes Leben eine Möglichkeit, sich vor den Unwägbarkeiten der Außenwelt zu schützen, für andere ist es einfach die natürlichste Art zu leben. Der Erbauer braucht keine häufigen Veränderungen, um sich lebendig zu fühlen. Er findet in der Vertiefung eines Bereichs, einer Beziehung oder einer Aufgabe eine Tiefe, die es ihm ermöglicht, sich zu entfalten. Dieser Weg ist zwar linearer und vorhersehbarer, aber genauso wertvoll und reich wie der des Abenteurers.

3. Der Häusliche: Der Reichtum des Heims und der Intimität

Der Hausmann hingegen findet sein Glück in der Vertrautheit des eigenen Zuhauses und in der vertrauten Umgebung seines Alltags. Für ihn muss die Außenwelt nicht erkundet werden, um das Leben sinnvoll zu gestalten. Seine Welt konzentriert sich auf seine nähere Umgebung, seine persönlichen Beziehungen und den Aufbau eines Kokons, in dem er sich sicher und friedlich fühlt.

Der Häusliche sucht nicht das Adrenalin großer Reisen oder äußerer Herausforderungen, sondern versteht es ausgezeichnet, inneren Frieden und eine sanfte Lebensweise zu kultivieren. Er erfreut sich an den kleinen Dingen des Alltags, an der Schaffung eines einladenden Zuhauses, an Ritualen und Gewohnheiten, die ihm ein Gefühl von Komfort und Sicherheit vermitteln. In einer Gesellschaft, die Bewegung und Aktion wertschätzt, wird er oft missverstanden. Der Stubenhocker weiß jedoch, dass der Reichtum des Lebens manchmal in Momenten der Ruhe und Kontemplation zu finden ist.

Diese Lebensweise ermöglicht es, ein reiches Innenleben zu kultivieren, in dem man sich auf das konzentriert, was gerade greifbar ist. Hausfrauen finden ihre Erfüllung oft in kreativen, handwerklichen oder intellektuellen Tätigkeiten, die sie in der vertrauten Umgebung ihres Zuhauses ausüben können. Für sie ist Stabilität kein Gefängnis, sondern ein fruchtbarer Boden, auf dem sie tiefe und dauerhafte Leidenschaften pflegen können.

4. Der Entdecker: die immerwährende Suche nach neuen Perspektiven

Genau wie der Abenteurer ist auch der Entdecker auf der Suche nach Entdeckungen. Allerdings ist die Erkundung für ihn oft eher innerlich und spirituell. Der Entdecker ist neugierig auf die Welt um ihn herum, aber auch auf innere Welten, Ideen und Konzepte. Er liebt es, zu lernen, zu verstehen und mit verschiedenen Perspektiven zu experimentieren. Sein Weg ist der des Wissens, der Offenheit und der Suche nach neuen Denkweisen.

Der Entdecker kann sich für so unterschiedliche Wege wie wissenschaftliche Forschung, Philosophie, Kulturreisen oder Spiritualität entscheiden. Für ihn ist jede Erfahrung eine Gelegenheit, seinen Blickwinkel zu bereichern und sein

Verständnis der Welt zu erweitern. Dieser Weg ist zwar weniger greifbar als der des Baumeisters, aber genauso wertvoll und lohnend.

Im Gegensatz zu der Vorstellung, die man sich von einem "zersplitterten" oder zerstreuten Leben machen könnte, findet der Entdecker sein Gleichgewicht in der Vielzahl der Erfahrungen. Er mag oft den Kurs ändern, aber diese Änderungen sind kein Scheitern oder Zögern: Sie sind ein integraler Bestandteil seines Entdeckungsprozesses. Für den Entdecker ist nicht das Ziel wichtig, sondern die Reise, der Prozess des ständigen Lernens.

5. Die persönliche Wahl: ein einziger Weg, der von unseren Bedürfnissen und Wünschen geformt wird

Es gibt keinen richtigen oder falschen Weg, und das ist der Kern des persönlichen Weges. Jedem von uns steht es frei, das zu wählen, was zu ihm passt, entsprechend seinen Bestrebungen, Bedürfnissen und seiner Persönlichkeit. Ob wir nun Abenteurer, Baumeister, Stubenhocker oder Entdecker sind - was zählt, ist die Übereinstimmung zwischen unseren Lebensentscheidungen und dem, was wir in unserem Innersten fühlen.

Wahre Erfüllung findet sich nicht in der Anpassung an ein von der Gesellschaft auferlegtes Muster, sondern in der Ausrichtung unseres Handelns an unseren tiefsten Wünschen. Manche Menschen finden ihr Glück in der Stabilität, andere in der Erkundung. Entscheidend ist, dass wir mit den Entscheidungen, die wir treffen, im Reinen sind und uns nicht von äußeren Urteilen beeinflussen lassen.

Die Gefahr liegt in der Vorstellung, dass es einen "idealen" Weg gibt, den man gehen muss, um glücklich zu sein. In Wirklichkeit muss sich jeder die Freiheit nehmen, es zu versuchen, die Richtung zu ändern, zu erforschen oder aufzubauen, ohne sich von den Erwartungen anderer eingeschränkt zu fühlen. Es gibt nicht den einen Weg, um im Leben erfolgreich zu sein. Erfolg ist ein zutiefst subjektiver Begriff, der davon abhängt, was wir als wichtig und lohnend erachten.

Schlussfolgerung

Ob wir Abenteurer oder Baumeister, Stubenhocker oder Entdecker sind, es gibt keinen richtigen oder falschen Weg. Der einzige Weg, der zählt, ist der, den wir im Einklang mit unserem Wesen wählen. Jeder Weg ist wertvoll und kann zur Erfüllung führen, sofern er bewusst und nicht aus Zwang oder Anpassung gewählt wird. Das Leben ist eine persönliche Reise, und die Vielfalt der Wege ist ihr Reichtum.

Es ist wichtig, sich daran zu erinnern, dass jeder Mensch sich in seinem eigenen Tempo entwickelt und dass das, was für den einen funktioniert, für den anderen vielleicht nicht das Richtige ist. Der Schlüssel liegt in der Authentizität, in der Fähigkeit, auf die eigenen Bedürfnisse zu hören und sie zu ehren. Egal, welchen Weg man einschlägt, wichtig ist, dass man ihn mit Absicht geht, sich voll und ganz darauf einlässt und seine eigene Form von Gleichgewicht und Zufriedenheit findet.

REFLEXION 11: AUSPROBIEREN, WÄHLEN UND ZU SEINEN ENTSCHEIDUNGEN STEHEN, UM EIN ERFÜLLTES LEBEN ZU FÜHREN UND ERFÜLLUNG ZU FINDEN

Das Leben ist eine Abfolge von Erfahrungen, Entscheidungen und Wahlmöglichkeiten. Jeder Weg, den wir einschlagen, jeder Umweg, den wir nehmen, jede Entscheidung, die wir treffen, prägt uns und trägt zu unserer persönlichen Entwicklung bei. Doch über die Anhäufung von Erfahrungen hinaus gibt es einen wesentlichen Schlüssel zur Erreichung echter Entfaltung: Es ist die Fähigkeit, etwas auszuprobieren, bewusst zu wählen und vor allem zu seinen Entscheidungen zu stehen. In dieser Abfolge - ausprobieren, wählen, Verantwortung übernehmen - liegt die Kraft, die uns angesichts der Wechselfälle des Lebens unerschütterlich macht. Dieses Kapitel untersucht, wie diese Schritte für den Aufbau eines erfüllten, sinnvollen und vertrauensvollen Lebens unerlässlich sind.

1. Ausprobieren: sich mit der Vielfalt der Erfahrungen auseinandersetzen

Der Ausgangspunkt jeder persönlichen Suche ist das Experimentieren. Bevor wir wissen, welcher Weg der richtige für uns ist, müssen wir ausprobieren, testen und verschiedene Situationen erleben. Die Vielfalt der Erfahrungen ist der einzige Weg, um zu verstehen, was wirklich zu uns passt. Dies geschieht manchmal durch erfolglose Versuche oder Richtungen, die man auf dem Weg wieder aufgibt, aber es ist Teil des natürlichen Prozesses der Selbstfindung.

Es ist wichtig, keine Angst davor zu haben, etwas auszuprobieren, auch wenn man sich irrt. Allzu oft zögern wir, einen Weg einzuschlagen, weil wir befürchten, zu versagen oder von Anfang an nicht die richtige Wahl zu treffen. Doch das Ausprobieren ist eine der reichhaltigsten Formen des Lernens. Mit jeder neuen Erfahrung, auch wenn sie von unseren ursprünglichen Erwartungen abzuweichen scheint, lernen wir etwas über uns selbst, über unsere Wünsche, unsere Grenzen und unsere verborgenen Talente.

Ausprobieren bedeutet auch, sich das Recht auf einen Fehler zu geben. Jeder eingeschlagene Weg, auch wenn er uns nicht dorthin führt, wo wir dachten, dass wir hinwollen, bringt uns wesentliche Erkenntnisse. Indem wir verschiedene Situationen durchleben, verfeinern wir unsere Sicht auf die Welt und uns selbst.
Jeder scheinbare Misserfolg ist in Wirklichkeit ein Schritt auf dem Weg zu einem besseren Verständnis dessen, was für uns wichtig ist.

2. Wählen: bewusste Entscheidungen treffen

Nachdem man verschiedene Wege erkundet hat, kommt der Zeitpunkt, an dem man eine Wahl treffen muss. Eine Entscheidung ist ein Akt des Mutes und der Verantwortung. Es bedeutet, bestimmte Optionen beiseite zu lassen, Türen zu schließen, um andere zu öffnen. Wählen bedeutet jedoch nicht aufgeben, sondern vielmehr, sich voll und ganz für eine Richtung zu engagieren, die uns in diesem Moment am richtigsten erscheint.

Eine bewusste Entscheidung zu treffen, erfordert, dass man sehr gut in sich selbst hineinhört. Es bedeutet, sich mit seinen tiefsten Wünschen zu verbinden, zu erkennen, was uns beflügelt und was uns im Gegenteil hemmt. Wählen bedeutet nicht unbedingt, den offensichtlichsten Weg zu gehen oder den Weg, den andere von uns erwarten. Es bedeutet, die Entscheidung zu treffen, die mit unserem inneren Wesen in Resonanz steht, auch wenn sie nicht immer sofort am leichtesten zu bewältigen ist.

Es ist auch wichtig, sich daran zu erinnern, dass Wählen nicht bedeutet, seinen Weg für immer in Stein zu meißeln. Das Leben ist ein Fluss, und es ist durchaus möglich, dass man seine Entscheidungen im Laufe der Zeit neu justiert. Entscheidend ist, dass man Entscheidungen trifft, die auf das abgestimmt sind, was man in einem bestimmten Moment fühlt, und dass man sie aus Überzeugung trifft und nicht aus einem Mangel oder aus Angst.

3. Zu seinen Entscheidungen stehen: der Schlüssel zum Selbstvertrauen

Wenn Sie einmal eine Wahl getroffen haben, wird es entscheidend, diese voll und ganz zu verantworten. Das bedeutet, die Verantwortung für seine Entscheidungen zu übernehmen, ohne Reue oder Zögern. Zu seinen Entscheidungen zu stehen, bedeutet auch, die Konsequenzen dieser Entscheidungen zu akzeptieren, seien sie nun positiv oder negativ. Wenn man die Verantwortung für seine Entscheidungen übernimmt, befreit man sich von der Last der äußeren Erwartungen und der Urteile anderer und ermöglicht sich ein gelasseneres Leben.

Zu seinen Entscheidungen zu stehen, ist ein Akt der Reife. Es bedeutet, mit sich selbst im Reinen zu sein, anzuerkennen, dass man zwar anders hätte wählen können, die getroffene Wahl aber das widerspiegelt, was man zu diesem bestimmten Zeitpunkt seines Lebens für richtig hielt. Das erfordert ein großes Maß an Selbstvertrauen, aber dieses Vertrauen erlangt man gerade durch diesen Prozess des Akzeptierens. Indem wir die Verantwortung für unsere Entscheidungen übernehmen, stärken wir unsere Fähigkeit, Herausforderungen zu meistern und in widrigen Umständen aufrecht zu bleiben.

Wenn wir voll und ganz zu unseren Entscheidungen stehen, befreien wir uns auch von Zweifeln und Unsicherheiten, die uns lähmen können. Wenn wir akzeptieren, dass jede Entscheidung ein Schritt auf unserem Weg ist, entwickeln wir eine Resilienz, die es uns ermöglicht, auch im Unbekannten selbstbewusst voranzugehen. Wir verstehen, dass wahre Erfüllung aus dieser Fähigkeit erwächst, unsere Entscheidungen zu akzeptieren und sie ohne Angst zu leben.

4. Selbstbewusst leben: Die Kraft finden, man selbst zu sein

Sobald man seine Entscheidungen selbst getroffen hat und zu ihnen steht, wächst das Selbstvertrauen auf natürliche Weise. Selbstbewusst zu leben bedeutet, seinen Weg zu gehen, ohne sich von Hindernissen oder Meinungen von außen verunsichern zu lassen. Es bedeutet, mit sich selbst im Einklang zu sein, zu wissen, dass man sich auf dem richtigen Weg befindet, weil es der Weg ist, den man bewusst und im Einklang mit seinen tiefsten Sehnsüchten gewählt hat.

Dieses Vertrauen ist unerschütterlich, weil es auf einer intimen

Selbsterkenntnis beruht. Indem man ausprobiert, gewählt und Verantwortung übernommen hat, entwickelt man eine innere Stärke, die es einem ermöglicht, den Unwägbarkeiten und Schwierigkeiten des Lebens mit Gelassenheit zu begegnen. Man muss nicht mehr nach Bestätigung im Außen suchen, weil man weiß, dass man seinen eigenen Weg geht, der einem wirklich entspricht.

Selbstvertrauen bedeutet nicht, dass man sicher ist, niemals zu versagen oder auf Schwierigkeiten zu stoßen. Es bedeutet vielmehr, darauf vertrauen zu können, dass man, egal was passiert, die Fähigkeit hat, sich anzupassen und zurechtzukommen. Dieses Vertrauen wird zu einem inneren Kompass, der uns durch die Unwägbarkeiten des Lebens führt und es uns ermöglicht, uns selbst treu zu bleiben.

5. Erfüllung: die Belohnung für Authentizität und Ausrichtung

Selbstverwirklichung ist die direkte Folge dieses Prozesses: ausprobieren, wählen, Verantwortung übernehmen und selbstbewusst leben. Wenn man diesem Weg folgt, erreicht man ein Maß an Erfüllung, das einen wahrhaft unerschütterlich macht. Erfüllung entsteht nicht durch Perfektion oder die Abwesenheit von Problemen, sondern durch den inneren Frieden, der aus der Authentizität und der Ausrichtung unserer Handlungen an unseren Werten resultiert.

Ein erfülltes Leben zu führen bedeutet, zu akzeptieren, dass jede Erfahrung, jede Entscheidung und jede Schwierigkeit ein integraler Bestandteil unseres Weges ist. Es bedeutet zu verstehen, dass das Glück nicht darin liegt, ein bestimmtes Ziel zu erreichen, sondern darin, wie man auf seinem eigenen Weg vorankommt. Je mehr man mit sich selbst im Einklang ist, desto natürlicher wird die Erfüllung, da sie nicht mehr durch äußere

Faktoren bedingt ist.

Diese Erfüllung, wenn sie erreicht ist, macht uns wahrhaft unerschütterlich gegenüber den Stürmen des Lebens. Wir wissen, dass wir alles meistern können, was auf uns zukommt, weil wir das Vertrauen und die Gelassenheit haben, die wir brauchen, um voranzukommen, egal, welche Hindernisse es gibt. Erfüllung ist ein Zustand des Seins, eine Art zu leben, die mit sich selbst im Einklang steht, und es ist diese innere Harmonie, die uns stark macht.

Schlussfolgerung

Ausprobieren, wählen und zu seinen Entscheidungen stehen sind die Grundpfeiler für ein erfülltes Leben. Es gibt keinen einzigen oder perfekten Weg zum Glück. Was zählt, ist, die Möglichkeiten zu erkunden, bewusst Entscheidungen zu treffen und diese voll und ganz zu leben, ohne etwas zu bereuen. Wenn wir die Verantwortung für unsere Entscheidungen übernehmen, entwickeln wir ein unerschütterliches Selbstvertrauen, das es uns ermöglicht, mit Gelassenheit voranzugehen, ganz gleich, welchen Herausforderungen wir begegnen. Durch diesen Prozess finden wir Erfüllung, eine Fülle, die uns unerschütterlich und zutiefst mit dem, wer wir wirklich sind, in Einklang bringt.

REFLEXION 12: ENTSCHEIDEN SIE SICH! DENKEN SIE NACH, VERSUCHEN SIE ES, MACHEN SIE FEHLER, ABER WÄHLEN SIE UND STEHEN SIE DAZU!

Das Leben ist voll von Kreuzungen, Abzweigungen und Scheidewegen, an denen wir mit einer einzigen Anforderung konfrontiert werden: zu wählen. Die Wahl ist ein Gründungsakt, ein Moment der Entscheidung, in dem wir uns festlegen, eine Richtung einschlagen und weitergehen müssen. Dennoch ist es oft leicht, angesichts der Vielzahl an Möglichkeiten, die sich uns bieten, wie gelähmt zu sein, weil wir befürchten, die falsche Wahl zu treffen. Es ist jedoch entscheidend zu verstehen, dass es besser ist, Fehler zu machen und zu lernen, als in der Unentschlossenheit zu verharren.

In diesem Kapitel erforschen wir die Bedeutung der Wahl, den

Akt des Nachdenkens, der ihr vorausgeht, die Kühnheit, die nötig ist, um sich zu irren, und vor allem die Stärke, sie voll und ganz anzunehmen, auch wenn es bedeutet, den Kurs zu ändern. Wichtig ist, dass man wählt und sich bei jeder Entscheidung, die man trifft, selbst vertraut.

1. Die Macht der Reflexion: Den eigenen Entscheidungen einen Sinn geben

Vor allem verdient jede Entscheidung eine Bedenkzeit. Überstürzen ist nie die Lösung. Bevor Sie eine bestimmte Richtung einschlagen, ist es entscheidend, dass Sie sich einen Moment Zeit nehmen, um darüber nachzudenken, was Sie wirklich wollen. Was sind Ihre Bestrebungen? Was sind Ihre Ziele? Was sind die potenziellen Risiken und Vorteile? Dieser Schritt des Nachdenkens ermöglicht es Ihnen, die verschiedenen Optionen zu analysieren und zu bewerten, was mit Ihren Werten und Wünschen übereinstimmt.

Nachdenken bedeutet nicht, passiv zu bleiben und auf eine Offenbarung oder absolute Gewissheit zu warten. Es geht darum, sich die Zeit zu nehmen, die Vor- und Nachteile abzuwägen, auf seine Intuition zu hören und seine Prioritäten zu setzen. Dieser Prozess ermöglicht es Ihnen, Ihre Motive, Ängste und Erwartungen besser zu verstehen, damit Sie bewusst entscheiden können und nicht aufgrund von Fehlern oder äußerem Druck.

Aber auch das Nachdenken hat seine Grenzen. Wer zu viel nachdenkt, riskiert, in Unentschlossenheit zu verfallen. An einem bestimmten Punkt muss man innehalten und eine Entscheidung treffen. Längere Unentschlossenheit behindert das Handeln und damit das Wachstum. Nachdem Sie sich also die nötige Zeit zum Nachdenken genommen haben, ist es an der Zeit zu handeln.

2. Ausprobieren und sich trauen, Fehler zu machen: Lernen durch Handeln

Nach dem Nachdenken kommt der entscheidende Schritt des Handelns: das Ausprobieren. Das Handeln ist die natürliche Fortsetzung des Nachdenkens, aber es ist auch der Ort, an dem die meisten von uns Angst empfinden. Diese Angst vor dem Scheitern, davor, eine falsche Entscheidung zu treffen, kann uns zurückhalten. Dennoch ist es von entscheidender Bedeutung zu verstehen, dass Fehler zu machen nicht nur natürlich, sondern für unsere persönliche Entwicklung notwendig ist.

Ausprobieren bedeutet, sich mit der Realität auseinanderzusetzen. Es bedeutet, Entscheidungen zu treffen, manchmal in dem Wissen, dass sie vielleicht nicht perfekt sind, aber mit der Gewissheit, dass sie uns etwas Wertvolles lehren werden. Selbst wenn Sie sich irren, werden Sie mit einer besseren

Verständnis dafür, was für Sie funktioniert und was nicht. Jeder Misserfolg birgt wichtige Lektionen in sich.

Etwas zu versuchen bedeutet auch, das Unbekannte und Unvorhersehbare zu akzeptieren. Man kann die Ergebnisse einer Entscheidung nicht immer voraussehen, aber gerade das macht das menschliche Abenteuer so reich. Sich zu trauen, Fehler zu machen, ist in Wirklichkeit eine Möglichkeit, die eigenen Grenzen zu erforschen und Möglichkeiten zu entdecken, an die man bei Nichtstun nie gedacht hätte.

3. Zu seinen Entscheidungen stehen: ein Zeichen von Reife und Vertrauen

Zu wählen bedeutet auch, die Verantwortung für seine Entscheidungen zu übernehmen. Wenn Sie eine Wahl getroffen haben, ist es wichtig, dass Sie diese voll und ganz annehmen, ohne Reue oder Ausreden. Verantwortung zu übernehmen bedeutet, anzuerkennen, dass Sie diese Wahl mit den Informationen und dem Geisteszustand getroffen haben, die Ihnen zu diesem Zeitpunkt zur Verfügung standen, und dass es keinen Sinn hat, sich im Nachhinein mit Zweifeln oder Reue zu belasten.

Zu seinen Entscheidungen zu stehen bedeutet auch, die Konsequenzen zu akzeptieren, die sich daraus ergeben, seien sie positiv oder negativ. Es bedeutet, Reife und Selbstvertrauen zu zeigen. Verantwortung zu übernehmen bedeutet nicht, dass immer alles gut gehen wird, aber es bedeutet, dass Sie bereit sind, den Ergebnissen Ihrer Entscheidungen mit Mut und Verantwortung zu begegnen. Indem Sie zu Ihren Entscheidungen stehen, senden Sie ein starkes Signal an sich selbst und andere: Sie haben Ihr Leben selbst in der Hand und sind bereit, zu lernen und sich weiterzuentwickeln, ganz gleich, wie die Umstände sind.

Indem Sie zu Ihren Entscheidungen stehen, stärken Sie auch Ihr Selbstwertgefühl. So können Sie dem ständigen Bedauern entgehen und bleiben nicht in der Vergangenheit stecken. Jede Entscheidung, zu der Sie stehen, ist ein weiterer Baustein beim Aufbau Ihres Selbstvertrauens. Indem Sie es wagen, Stellung zu beziehen und sich zu engagieren, bauen Sie das Vertrauen auf, das Sie brauchen, um immer gelassener Ihren Weg zu gehen.

4. Anpassen und die Richtung ändern: Die Intelligenz der Flexibilität

Mit seinen Entscheidungen im Einklang zu stehen bedeutet nicht, starr zu sein oder sich auf einen einzigen Weg festzulegen. Im Gegenteil, es ist ganz natürlich, sich weiterzuentwickeln und auf dem Weg zu erkennen, dass eine Veränderung notwendig ist. Es geht nicht darum, bei der ersten Schwierigkeit alles aufzugeben, sondern auf seine Gefühle zu hören und zu wissen, wann es Zeit ist, den Kurs anzupassen.

Eine Richtungsänderung sollte nie als Scheitern angesehen werden. Es handelt sich lediglich um eine Anpassung an neue Informationen oder Wünsche. Das Leben besteht aus Bewegung, und auch wir entwickeln uns ständig weiter. Daher ist es wichtig, sich die Freiheit zu geben, seine Meinung zu ändern und seine Entscheidungen neu auszurichten, ohne Schuldgefühle oder Angst vor Verurteilung.

Anpassung ist eine Stärke. Sie ist ein Beweis dafür, dass Sie auf sich selbst hören und selbstbewusst genug sind, um Entscheidungen zu treffen, die Ihrer aktuellen Situation entsprechen. Wenn Sie in der Lage sind, Ihren Kurs unterwegs neu zu justieren, zeigt dies, dass Sie nicht in Ihren bisherigen Entscheidungen gefangen sind, sondern die Weisheit besitzen, zu erkennen, wann eine Veränderung notwendig ist, um mit Ihren tiefsten Sehnsüchten im Einklang zu bleiben.

5. Selbstvertrauen: eine Grundlage für alle Ihre Entscheidungen

Dieser gesamte Prozess von der Wahl bis zur Anpassung beruht auf einer wesentlichen Grundlage: Selbstvertrauen. Es ist das Vertrauen, das Sie in die Lage versetzt, Entscheidungen zu treffen, zu versuchen, Fehler zu machen und Verantwortung zu übernehmen. Es ist das Vertrauen, das Sie durch die Ungewissheit führt und Ihnen die Kraft gibt, Ihre Entscheidungen anzupassen, wenn es nötig ist.

Selbstvertrauen bedeutet, dass man an seine Fähigkeit glaubt, Herausforderungen zu meistern, ganz gleich, wie sie aussehen. Es bedeutet zu wissen, dass Sie, selbst wenn Sie Fehler machen, in der Lage sein werden, abprallen zu lassen und aus ihnen zu lernen, um weiterzumachen. Dieses Vertrauen bedeutet nicht, dass Sie niemals schlechte Entscheidungen treffen werden, sondern dass Sie die nötige Resilienz besitzen, um gestärkt aus ihnen hervorzugehen.

Es ist dieses Vertrauen, das es Ihnen ermöglicht, ohne Angst vor dem Urteil anderer und ohne Furcht vor Misserfolg zu wählen. Es befreit Sie von lähmenden Zweifeln und gibt Ihnen die Freiheit, im Einklang mit sich selbst zu handeln. Jede Wahl, jede Anpassung wird dann zu einer Gelegenheit zum Lernen und Wachsen und nicht zu einer Quelle der Angst oder des

Bedauerns.

Schlussfolgerung

Sich zu entscheiden bedeutet zu leben. Es bedeutet, sich der Ungewissheit zu stellen, sich manchmal zu irren, aber vor allem, weiterzumachen. Das Leben ist eine Abfolge von Entscheidungen, und jede von ihnen ist eine Gelegenheit, zu lernen und zu wachsen. Denken Sie über Ihre Entscheidungen nach, probieren Sie sie aus, und wenn Sie sich irren, stehen Sie dazu. Passen Sie Ihren Kurs an, wenn es nötig ist, aber vertrauen Sie immer auf Ihre Fähigkeit, in jedem Moment das Richtige für sich zu wählen.

Die Macht zu wählen ist ein Privileg und ein Beweis für Freiheit. Wenn Sie diese Macht mit Vertrauen ausüben und es wagen, Ihren eigenen Weg zu gehen, bauen Sie das Leben auf, das zu Ihnen passt, ein Leben, das mit Ihren tiefsten Sehnsüchten übereinstimmt. Seien Sie mutig in Ihren Entscheidungen, flexibel in Ihren Anpassungen, aber vor allem: Vertrauen Sie sich selbst und gehen Sie voran.

REFLEXION 13: SEIN ODER WERDEN: DIE WICHTIGKEIT, HARMONIE MIT SICH SELBST ZU FINDEN

Auf der Suche nach Sinn, Fortschritt und Erfüllung stehen wir oft vor einer grundlegenden Frage: Sollen wir uns auf das konzentrieren, was wir sind, oder auf das, was wir werden wollen? Sollen wir uns so akzeptieren, wie wir sind, oder sollen wir uns bemühen, uns zu verändern, weiterzuentwickeln und besser zu werden? Diese Dualität zwischen Sein und Werden kann bedrückend wirken, vor allem in einer Welt, in der Leistung, Vergleich und persönliche Entwicklung ständig wertgeschätzt werden.

Dennoch geht es nicht darum, "besser" als andere zu sein oder eine idealisierte Version von sich selbst zu werden. Wichtig ist es, eine Übereinstimmung mit sich selbst zu finden. Es ist kein Weg des Wettbewerbs, sondern ein Streben nach Harmonie, eine tiefe Akzeptanz dessen, was wir im Augenblick sind, während wir uns die Freiheit geben, uns in unserem eigenen Tempo weiterzuentwickeln. Sie sind nicht besser, aber auch nicht schlechter als ein anderer: Sie sind einzigartig, und nur wenn Sie dieses innere Gleichgewicht finden, können Sie sich wirklich entfalten.

1. Sein: Selbstakzeptanz als wesentlicher erster Schritt

Bevor Sie versuchen, etwas anderes zu werden, ist es entscheidend zu lernen, wie man ist. "Sein" bedeutet, dass man voll und ganz akzeptiert, wer man in diesem Moment ist, mit all seinen Stärken, Schwächen, Vorzügen und Fehlern. Allzu oft sind wir hart zu uns selbst, ständig auf der Suche nach etwas, das wir verbessern oder ändern sollten. Wir leben in einer Gesellschaft, die Veränderung, Verbesserung und Selbstüberwindung wertschätzt, was einen immensen Druck erzeugen kann.

Vor allem aber ist es notwendig, sich selbst zu akzeptieren. Diese Akzeptanz ist nicht gleichbedeutend mit Stagnation oder dem Verzicht auf jede Art von Fortschritt. Sie ist vielmehr ein Ausgangspunkt. Es geht darum, anzuerkennen, dass Sie selbst mit all Ihren Unvollkommenheiten bereits vollständig sind. In dieser Akzeptanz liegt der innere Frieden.

Sich selbst zu akzeptieren bedeutet auch, anzuerkennen, dass jeder Mensch einzigartig ist und dass es kein perfektes Modell gibt, das es zu erreichen gilt. Sie sind das Ergebnis Ihres Werdegangs, Ihrer Erfahrungen, Ihrer Erfolge und Ihrer Fehler. Anstatt sich ständig nach äußeren Erwartungen oder Vergleichen zu beurteilen, sollten Sie lernen, das wertzuschätzen, was Sie sind, hier und jetzt. Diese Akzeptanz wird Ihnen helfen, eine solide Grundlage für jede zukünftige Transformation zu schaffen.

2. Werden: eine persönliche Entwicklung, kein Wettlauf um Perfektion

Wenn es entscheidend ist, zu akzeptieren, wer Sie sind, ist es ebenso natürlich, sich weiterentwickeln zu wollen. Das "Werden" ist eine Dynamik, die ein integraler Bestandteil des Menschseins ist. Wir streben danach, zu lernen, zu wachsen und unsere noch ungenutzten Potenziale zu erkunden. Dieser

Wunsch nach Veränderung ist nicht per se negativ, solange er nicht zu einem verbissenen Streben nach Perfektion wird.

Werden bedeutet, die Bereiche auszuwählen, in denen Sie sich weiterentwickeln möchten, nicht um besser zu sein als ein anderer, sondern um der Person näher zu kommen, die Sie sein möchten, im Einklang mit Ihren Werten und Zielen. Dieser Prozess sollte von einem tiefen Wunsch, einem aufrichtigen Verlangen, sich weiterzuentwickeln, angetrieben werden und nicht von äußerem Druck oder einem Gefühl der Konkurrenz.

Es ist leicht, sich in einen Wettlauf um ständige Verbesserung verwickeln zu lassen, der von gesellschaftlichen Erwartungen oder den von den Medien vermittelten Normen beeinflusst wird. Es ist jedoch entscheidend, sich vor Augen zu halten, dass Werden nicht bedeutet, eine idealisierte Version von sich selbst zu erreichen. Es ist kein Streben nach einem "perfekten Selbst", sondern ein Weg des kontinuierlichen Fortschritts, der von Ihren eigenen Bedürfnissen und Wünschen bestimmt wird.

3. Sie sind nicht besser oder schlechter als ein anderer: Mit dem Vergleich brechen

Eines der größten Hindernisse für die Selbstakzeptanz und eine gesunde Entwicklung ist das Vergleichen. In einer hypervernetzten Welt ist es leicht, sich mit anderen zu vergleichen, sei es in sozialen Netzwerken, im beruflichen Umfeld oder in unseren persönlichen Beziehungen. Dieser ständige Vergleich kann toxisch werden, da er ein Gefühl der Konkurrenz, des Mangels oder der Minderwertigkeit nährt.

Es ist entscheidend zu verstehen, dass Sie nicht besser oder schlechter sind als ein anderer. Jeder von uns geht einen anderen Weg mit eigenen Stationen, Prüfungen und Hintergründen. Es ist unmöglich, den Wert einer Person zu messen, indem man sie mit einer anderen vergleicht, denn jeder Mensch ist einzigartig, mit seinen eigenen Bestrebungen,

Talenten und Herausforderungen.

Anstatt sich zu vergleichen, sollten Sie sich auf Ihren eigenen Weg konzentrieren. Denken Sie daran, dass Ihr Wert nicht von den Leistungen anderer abhängt, sondern von Ihrer eigenen Fähigkeit, im Einklang mit sich selbst zu leben. Wenn Sie aufhören, sich zu vergleichen, entdecken Sie eine neue Freiheit: die Freiheit, Ihrem eigenen Tempo zu folgen, Ihre Entscheidungen ohne äußeren Druck zu treffen und Zufriedenheit in Ihrem eigenen Weg zu finden.

4. Den Einklang mit sich selbst finden: innere Harmonie

Harmonie mit sich selbst bedeutet nicht die Abwesenheit von Konflikten oder Fragen. Sie zeigt sich, wenn Sie in der Lage sind, Ihre Bestrebungen, Grenzen und Stärken zu erkennen, und wenn Sie im Einklang mit all dem handeln. Es ist ein zerbrechliches, aber kraftvolles Gleichgewicht zwischen der Akzeptanz dessen, was Sie heute sind, und dem Wunsch, das zu werden, was Sie morgen sein wollen.

Diese Vereinbarung mit sich selbst ist persönlich. Niemand kann sie für Sie definieren, und es geht nicht darum, die Erwartungen anderer zu erfüllen oder einem vorgezeichneten Weg zu folgen. Es ist ein innerer Dialog, den Sie mit sich selbst führen, ein aufmerksames Zuhören Ihrer Bedürfnisse und Wünsche. Diese Harmonie lässt sich nicht durch den Vergleich mit anderen oder das Streben nach äußeren Vorbildern finden.

Mit sich selbst im Reinen zu sein bedeutet auch, dass man lernt, sich selbst zu vergeben. Wir alle machen Fehler, wir alle haben Momente, in denen wir unseren eigenen Erwartungen nicht gerecht werden. Wichtig ist, sich nicht in Schuldgefühlen oder Reue zu verfangen, sondern mit Wohlwollen gegenüber sich selbst voranzugehen. Dieses Einverständnis beinhaltet, dass Sie Ihre Fehler erkennen, sie akzeptieren und aus ihnen lernen, um sich weiterzuentwickeln.

5. Selbstvertrauen: der Schlüssel zu innerer Harmonie

Um diese Übereinstimmung mit sich selbst zu finden, ist Selbstvertrauen ein unerlässliches Element. Es geht darum, an Ihre Fähigkeiten und Ihren Wert zu glauben, ohne sich von äußeren Urteilen oder Zweifeln beeinflussen zu lassen. Selbstvertrauen bedeutet nicht, dass Sie immer selbstsicher sind oder nie einen Moment der Schwäche haben. Es beruht auf der tiefen Gewissheit, dass Sie, was auch immer geschieht, über die inneren Ressourcen verfügen, um das Leben zu meistern.

Selbstvertrauen baut sich im Laufe der Zeit auf, durch Erfahrungen, Erfolge, aber auch durch Misserfolge. Es wächst jedes Mal, wenn Sie eine Wahl treffen, die Ihren Überzeugungen entspricht, jedes Mal, wenn Sie es wagen, Sie selbst zu sein, ohne zu versuchen, sich an äußere Vorbilder anzupassen. Je mehr Sie im Einklang mit Ihrer inneren Wahrheit handeln, desto stärker wird dieses Vertrauen und schafft eine solide Grundlage für Ihre Entfaltung.

Schlussfolgerung

Sein oder Werden - das eine schließt das andere nicht aus. Das Wichtigste ist, ein Gleichgewicht zu finden zwischen der Akzeptanz dessen, wer Sie heute sind, und dem Wunsch, sich zu dem weiterzuentwickeln, was Sie morgen sein möchten. Sie sind weder besser noch schlechter als ein anderer. Sie sind einzigartig, haben Ihre eigenen Stärken, Ihre eigenen Herausforderungen und Ihren eigenen Weg, den Sie gehen möchten.

Wahre Erfüllung liegt nicht im Wettbewerb oder im Vergleich mit anderen, sondern in der Fähigkeit, im Einklang mit sich selbst zu leben. Diese Übereinstimmung zu finden, bedeutet, Ihre Unvollkommenheit zu akzeptieren und Ihnen gleichzeitig die Freiheit zu geben, sich zu verändern, Fortschritte zu machen und in Ihrem eigenen Tempo zu wachsen. Es ist ein Weg zu innerer Harmonie, auf dem Selbstvertrauen zur Grundlage wird, auf der Sie ein Leben aufbauen, das mit Ihren tiefsten Sehnsüchten in

Einklang steht. Seien Sie stolz auf das, was Sie sind, und auf das, was Sie werden, denn in diesem Gleichgewicht finden Sie Frieden und Erfüllung.

Weiterführende Fragen: Beispiele Für Einige, Die Sich Mit Dem "Sein" Begnügten.

Einige Menschen haben in der Geschichte und in der Literatur gezeigt, dass es möglich ist, ein erfülltes Leben zu führen, wenn man mit dem, was man ist und was man hat, im Reinen ist. Diese Menschen haben sich dafür entschieden, mit dem zufrieden zu sein, was ihnen gegeben wurde, und nicht ständig nach mehr zu streben. Ihr einfaches und zufriedenes Leben ist eine Quelle der Inspiration, um zu verstehen, dass das Glück in der Akzeptanz und nicht im ständigen Wandel liegen kann.

1. Sokrates: Der Philosoph der Akzeptanz

Sokrates, die Symbolfigur der griechischen Philosophie, wurde oft als bescheidener Mann wahrgenommen, dem materielle Bestrebungen fremd waren. Obwohl sein Streben nach Wahrheit und Wissen in materieller und persönlicher Hinsicht unaufhörlich war, entschied sich Sokrates für ein einfaches Leben. Er weigerte sich, Reichtum und materielle Güter anzuhäufen, und akzeptierte die Bescheidenheit seiner Lebensumstände voll und ganz. Er behauptete, dass Weisheit und Glück in der Selbsterkenntnis und der Akzeptanz des eigenen Schicksals liegen.

Sokrates hatte eine tiefe Verachtung für das Streben nach Anhäufung und Ehre. Er glaubte, dass das Glück in erster Linie von der Qualität unserer Gedanken und unserer Beziehung zur Welt abhängt und nicht von äußerem Besitz oder dem Streben nach ständiger Veränderung. Sein Leben ist ein eindrucksvolles Beispiel für einen Menschen, der durch die Umarmung dessen, was er war, inneren Frieden fand, ohne zu versuchen, seinen materiellen Zustand zu ändern.

2. Therese von Lisieux: Glück in spiritueller Einfachheit

Die heilige Therese von Lisieux, auch bekannt als "die kleine Therese", lebte ein kurzes, aber von Glück und innerem Frieden erfülltes Leben. Die 1873 geborene Therese trat im Alter von 15 Jahren in ein Kloster ein und widmete ihr Leben dem Gebet und der göttlichen Liebe. Was ihre Geschichte so einzigartig macht, ist ihre Herangehensweise an die Spiritualität. Im Gegensatz zu anderen religiösen Figuren, die nach großen Heldentaten oder außergewöhnlichen Missionen strebten, befürwortete Therese den "kleinen Weg", d. h. eine Art und Weise, den Alltag mit Einfachheit, Liebe und Dankbarkeit anzunehmen.

Sie entschied sich für ein Leben, in dem sie ihren Alltag, ihre Schwächen und Grenzen vollständig akzeptierte, ohne nach großartigen Taten zu streben. Therese glaubte, dass Liebe und Hingabe in den kleinen Dingen des Lebens ausreichen, um ein sinnerfülltes Leben zu führen. Diese Haltung der Zufriedenheit und Dankbarkeit gegenüber dem Leben, das sie führte, ist ein schönes Beispiel für einen Menschen, der sein Glück gefunden hat, indem er akzeptierte, wer er war, ohne zu versuchen, etwas anderes zu werden.

3. Epiktet: Der philosophierende Sklave

Epiktet, ein stoischer Philosoph, der als Sklave in Rom geboren wurde, lebte ein Leben, das von Entbehrungen und Zwang geprägt war. Dennoch gelang es ihm, seine Lebensumstände in eine innere Stärke zu verwandeln. Epiktets Stoizismus beruht auf der Vorstellung, dass das Glück nicht von äußeren Umständen abhängt, sondern von unserer Fähigkeit, diese Umstände zu akzeptieren. Er glaubte fest daran, dass jeder

Mensch Seelenfrieden erreichen kann, indem er sich nur auf das konzentriert, was unter seiner Kontrolle liegt, und gleichzeitig mit Gelassenheit akzeptiert, was nicht unter seiner Kontrolle liegt.

Epiktet strebte nie danach, seinen Status als Sklave zu ändern oder materielle Güter oder Macht anzuhäufen. Er war davon überzeugt, dass das Wesen des Glücks darin besteht, die Ereignisse des Lebens zu akzeptieren und sich selbst zu beherrschen. Seine Philosophie fordert dazu auf, sich von den Illusionen der Kontrolle über die Außenwelt zu lösen und sich auf unsere Einstellung zum Leben zu konzentrieren, was es ihm ermöglichte, ein Leben in Harmonie zu führen, trotz Bedingungen, die als unerträglich hätten angesehen werden können.

4. Henry David Thoreau: Der Aufruf zu einem einfachen Leben

Henry David Thoreau, ein amerikanischer Schriftsteller und Philosoph des 19. Jahrhunderts, ist einer der größten Verfechter des einfachen Lebens. In seinem Werk *Walden* beschreibt er, wie er sich in den Wald zurückzog und in einer mit seinen eigenen Händen errichteten Hütte im Einklang mit der Natur lebte. Thoreau traf die bewusste Entscheidung, auf Annehmlichkeiten und gesellschaftliche Ambitionen zu verzichten und sich auf ein einfaches, karges, aber sinnvolles Leben zu konzentrieren.

Für Thoreau lag das Glück nicht in der Anhäufung von Reichtum oder sozialer Anerkennung, sondern in der tiefen Verbindung mit der Natur und der Akzeptanz der einfachen Freuden des Daseins. Er propagierte die Idee, dass der Mensch Frieden und Erfüllung finden kann, indem er sich mit dem zufrieden gibt, was er hat, und nach seinen eigenen Bedingungen lebt, ohne sich dem Druck der Gesellschaft anzupassen. Diese Lebensphilosophie zeigt, dass man sich manchmal nur auf das Wesentliche besinnen muss, um ein glückliches Leben zu erreichen.

5. Emily Dickinson: Die zurückgezogene Dichterin

Emily Dickinson, eine amerikanische Dichterin des 19. Jahrhunderts, wird oft als Symbolfigur für Selbstreflexion und innere Zufriedenheit zitiert. Da sie fast zurückgezogen im Haus ihrer Familie lebte, verbrachte sie den größten Teil ihres Erwachsenenlebens in selbstgewählter Isolation. Doch weit davon entfernt, diese Isolation als Last zu betrachten, umarmte Emily Dickinson sie und machte sie zu einer Quelle der poetischen Inspiration.

Ihr Leben war von einer völligen Akzeptanz ihrer Einsamkeit und ihrer Umgebung geprägt. Anstatt zu versuchen, diese Existenz zu ändern oder ihr zu entfliehen, wandte sie sich dem Schreiben zu, um die Tiefe ihrer Gedanken und Gefühle auszudrücken. Dickinson fand Trost in den kleinen Freuden des Alltags, in den Elementen der Natur und in den Beziehungen der Familie. Ihr Leben zeigt, dass Glück auch in einem bescheidenen Leben liegen kann, das auf Kontemplation und innere Einkehr ausgerichtet ist, und nicht auf äußerem Handeln oder Veränderung.

Schlussfolgerung

Diese Beispiele zeigen, dass Glück nicht immer große Veränderungen oder äußere Eroberungen erfordert. Manche Menschen finden Frieden und Zufriedenheit, indem sie akzeptieren, wer sie sind und was sie haben. Ob durch Philosophie, Spiritualität oder einen einfachen Lebensstil, diese Figuren erinnern uns daran, dass es manchmal zu einem zutiefst glücklichen und bedeutungsvollen Leben führen kann, wenn wir uns mit dem gegenwärtigen Moment und unserem Zustand zufriedengeben.

Und Schließlich: Andere, Die Umgekehrt

Schon Immer Das Bedürfnis, Den Wunsch Hatten, "Etwas Zu Werden".

Für diese Menschen liegt das Glück nicht in der Stabilität oder der passiven Akzeptanz dessen, was sie sind, sondern in der ständigen Veränderung. Diese Menschen, die oft von einem unstillbaren Entdeckerdrang getrieben werden, haben ihr ganzes Leben lang versucht, ihre Grenzen zu erweitern, ihre Karriere zu verändern, neue kulturelle oder spirituelle Horizonte zu erforschen und sich neu zu erfinden. Ihre Geschichten zeigen uns, dass es manchmal die ständige Bewegung und die persönliche Entwicklung sind, die zu einem erfüllten Leben führen.

1. Leonardo da Vinci: Das polymathische Genie der Renaissance

Leonardo da Vinci, einer der größten Geister der Renaissance, ist die perfekte Verkörperung dieses ständigen Strebens nach Verbesserung und Vielfalt. Als Maler, Bildhauer, Ingenieur, Anatom, Musiker, Erfinder und vieles mehr hat Leonardo im Laufe seines Lebens eine Vielzahl von Bereichen erforscht. Er war nie zufrieden mit dem, was er erreicht hatte, sondern immer bestrebt, mehr zu lernen, seine Fähigkeiten zu verbessern und neue Wege zu finden, die Welt zu verstehen.

Leonardo lebte mehrere Leben in einem: Er wechselte von der Kunst zur Wissenschaft, von der Malerei zur Entwicklung futuristischer Maschinen und überschritt dabei sowohl physische als auch mentale Grenzen. Sein berühmtes Skizzenbuch ist voll von Plänen für Erfindungen, die für seine Zeit revolutionär waren. Die *Mona Lisa* selbst, eines seiner Hauptwerke, ist das Ergebnis jahrzehntelangen Experimentierens und Perfektionierens. Für Leonardo schien das Glück in der Möglichkeit zu liegen, ständig neue Ideen zu erforschen und die Grenzen seines Wissens und seiner Fähigkeiten immer weiter zu verschieben.

2. David Bowie: Der Künstler mit den tausend Gesichtern

David Bowie, eine Ikone der Musik und der Mode, ist ein weiteres anschauliches Beispiel für diese Sehnsucht nach ständiger Erneuerung. Im Laufe seiner Karriere erfand sich Bowie immer wieder neu und nahm zahlreiche Alter Egos wie Ziggy Stardust, Aladdin Sane oder The Thin White Duke an. Er war nicht nur einfach ein Sänger oder Komponist; Bowie war auch ein Pionier in den Bereichen Mode, Kunst und Theater, der die üblichen Grenzen der Popkultur überschritten hat.

Was Bowie auszeichnete, war seine Fähigkeit, sich ständig weiterzuentwickeln. Jedes Album, jeder Bühnenauftritt, jeder Abschnitt seines Lebens markierte eine neue Richtung, einen neuen Charakter, eine neue Art, die Welt zu sehen. Für ihn schien das Glück darin zu liegen, verschiedene Facetten des Selbst zu erforschen, sich von Etiketten zu lösen und in jedem Moment ein neues Selbst zu erschaffen. Bowie ist das perfekte Beispiel für ein Wesen, das, um voll und ganz zu leben, tausend Leben gelebt hat, von denen jedes so reich und anders war wie das vorherige.

3. Marie Curie: Eine wissenschaftliche Pionierin mit vielen Leben

Marie Curie, die polnisch-französische Wissenschaftlerin und Pionierin der Radioaktivität, hat in ihrem unaufhörlichen Streben nach Entdeckungen und Fortschritt ebenfalls mehrere Leben gelebt. Sie wurde im besetzten Polen geboren und musste zahlreiche Schwierigkeiten überwinden, um Zugang zu Bildung zu erhalten, bevor sie nach Paris ging, um ihr Physikstudium fortzusetzen. Sie zeichnete sich nicht nur durch ihre Intelligenz und Hartnäckigkeit aus, sondern auch durch ihre Fähigkeit, sich immer wieder neu zu erfinden und sich den Herausforderungen jeder neuen Lebensphase anzupassen.

Nachdem sie zusammen mit ihrem Mann Pierre Curie Polonium und Radium entdeckt hatte, war sie die erste Frau, die einen Nobelpreis erhielt, und die einzige Person, die zwei Nobelpreise in verschiedenen wissenschaftlichen Disziplinen (Physik und Chemie) erhielt. Anstatt sich auf ihren Lorbeeren auszuruhen, suchte Marie Curie bis zum Ende ihres Lebens weiter, experimentierte und erforschte die Geheimnisse der Wissenschaft. Ihr unersättlicher Drang, die Grenzen der wissenschaftlichen Erkenntnis zu erweitern, zeugt von einem Leben, das von ständiger Weiterentwicklung geprägt war und von einer tiefen Leidenschaft für das Lernen und Entdecken genährt wurde.

4. Ernest Hemingway: Der abenteuerlustige Schriftsteller

Der Literaturnobelpreisträger Ernest Hemingway ist eine weitere Symbolfigur für ein vielfältiges und immer wieder neues Leben. Hemingway war nicht nur ein talentierter Schriftsteller, er lebte auch intensiv und war ständig auf der Suche nach Abenteuern. Als Jäger in Afrika, Hochseefischer, Kriegsberichterstatter und Stierkampfliebhaber bereiste er die Welt auf der Suche nach extremen Erfahrungen, von denen jede dazu beitrug, seine Sicht des Lebens zu nähren und seinen direkten und intensiven literarischen Stil zu formen.

Hemingway hat sich nie in eine feste Rolle oder Identität gezwängt. Er lebte mehrere Leben in verschiedenen Teilen der Welt, von Paris bis Key West, von Kuba bis Spanien. Diese unaufhörliche Suche nach neuen Erfahrungen führte ihn zu einem tiefen Verständnis des menschlichen Daseins, ein Verständnis, das er meisterhaft in seinen literarischen Werken wie *Der alte Mann und das Meer* oder *Für wen die Glocke läutet* festhielt. Für Hemingway schien das Glück in der Aktion zu liegen, im Entdecken, im Eintauchen in neue und herausfordernde Realitäten.

5. Steve Jobs: Der Visionär des Silicon Valley

Steve Jobs, Mitbegründer von Apple, ist ein weiteres Beispiel für eine Person, die sich ständig neu erfunden hat, um Neues zu schaffen und zu innovieren. Obwohl er vor allem für seine Rolle bei der technologischen Revolution bekannt ist, durchlief Steve Jobs mehrere Phasen der persönlichen und beruflichen Transformation. Nachdem er Apple in seiner Garage mitbegründet und zu einem erfolgreichen Unternehmen gemacht hatte, wurde er aus seinem eigenen Unternehmen verdrängt - eine Erfahrung, die ihn hätte zerstören können. Stattdessen gründete er NeXT und Pixar, zwei weitere erfolgreiche Unternehmen. Als er an die Spitze von Apple zurückkehrte, verwandelte er das Unternehmen in eine globale Technologiemacht mit Produkten, die den Alltag der Menschen radikal verändert haben.

Jobs gab sich nie mit dem zufrieden, was er hatte. Er war ständig bestrebt, Dinge zu verbessern, die Grenzen der Technik und des Designs zu erweitern und Innovationen vorzuschlagen, die es noch nicht gab. Für ihn lag das Glück in der Schaffung und ständigen Verbesserung, im Streben nach Perfektion und in der Fähigkeit, die Welt durch seine Ideen zu verändern. Jobs ist ein typisches Beispiel für jemanden, der, um glücklich zu sein, ständig seinen Kurs geändert und sich weiterentwickelt hat, immer auf der Suche nach etwas Größerem und Kühnerem.

Schlussfolgerung

Ihr Leben ist eine starke Erinnerung daran, dass für manche Menschen der Schlüssel zum Glück in der ständigen Bewegung liegt, in der persönlichen Entwicklung und in der Fähigkeit, im Laufe des Lebens neue Facetten von sich selbst zu umarmen.

Finden Sie Ihren Weg!